監修者――加藤友康／五味文彦／鈴木淳／高埜利彦

［カバー表写真］
四国への流罪の途中，摂津の経ノ島で説法する法然
（『法然上人行状絵図』巻34）

［カバー裏写真］
嘉禄の法難で破却される法然廟
（『拾遺古徳伝』巻９）

［扉写真］
法然像（知恩院蔵）
（藤原隆信が描いたとの伝承をもつ）

日本史リブレット人028

法然

貧しく劣った人びとと共に生きた僧

Taira Masayuki
平 雅行

目次

鎌倉新仏教史観と法然

聖道門《しょうどうもん》▲は智恵をみがいて悟りを開き、浄土門《じょうどもん》は愚痴《ぐち》に還《かえ》って極楽《ごくらく》に往生《おうじょう》する。(「三心料簡《さんじんりょうけん》および御法語《ごほうご》」▲)

念仏《ねんぶつ》を信じる人は、たとえ仏法《ぶっぽう》の教えをよく知っていたとしても、けっして智者の振舞いをすることなく、無智な人と同じおろかな身になりきって、ただひたすら念仏をとなえなさい。(「一枚《いちまい》起《き》請文《しょうもん》」▲)

いずれも法然の言葉だ。普通、おろかであることは恥ずべきことだが、法然はそうした価値観を逆転させた。「智恵第一の法然房」と讃《たた》えられた人物が、宗教的境地の極致をおろかさに求めている。無知な民衆の一途な信心《しんじん》は、知識や修行を積み重ねた高僧よりも深い境地に到達できる、と法然は考えた。深い信心

▼**聖道門**　浄土教の立場から、みずから以外の仏教を総称したもの。さまざまな修行によって、自《じ》力《りき》で悟りをめざす仏教をいう。その対義語が浄土門。

▼**「三心料簡および御法語」**　『醍醐本法然上人伝記』に収載。法然常随の弟子である源智《げんち》が編纂。『選択《せんちゃく》《せんじゃく》集《しゅう》』(一一九八年)以降の法然の思想的円熟を示す文献。なかに「善人なお以《もっ》て往生す、況《いわ》んや悪人をやの事」の発言も収録。この表現は悪人正機《しょうき》・悪人正因説のいずれでも解釈が可能であるため、この内容をどう捉えるかは議論がある。

▼**「一枚起請文」**　法然が死没(一二一二年)する直前に、その教えの肝要を記すよう源智が求め、法然がそれに応じたもの。

をえるには、知識はむしろ邪魔になる。一切の知識を投げすて、おろかな自分に立ち返ることが、信心への道だと考えたのだ。法然の弟子である親鸞《しんらん》は、悪《あく》人正因説《にんしょういんせつ》▲を説いて善人・悪人についての通俗的な価値観を逆転させたが、そうした考えの淵源も法然にあった。法然が提唱した専修《せんじゅ》念仏▲の教えは、仏教のあり方を一変させるような独創性に満ちている。

本書は、法然房源空《げんくう》(一一三三〜一二一二)の歩みをたどるなかで、その思想が登場した歴史的背景を解き明かすとともに、専修念仏が迫害された要因を最新の研究成果に基づいて叙述したい。

その際、本書は法然を、鎌倉《かまくら》新仏教史観から解き放つことを目標とした。「これまでの仏教は貴族《きぞく》仏教であって民衆救済を説かなかった。それに対し、法然や親鸞らの鎌倉新仏教によって、仏教の教えがはじめて民衆の世界に説き広められた」、私たちは長いあいだ、このように考えてきた。

しかし、こうした仏教史像は歴史的事実に反しており、近年厳しい批判▲が投げかけられている。法然は鎌倉新仏教史観を支える中心的な人物であったが、本書はそれとは異なる視点から、法然という思想家を位置づけたい。

▼悪人正因説　「信心を欠いた『疑心《ぎしん》の善人』でも、極楽に往生できるのだから、信心をもった『他《た》力《りき》の悪人』が往生できるのは当然だ」との思想。信心正因説の比喩的な表現である。悪人であることを自覚(機の深信《じんしん》)した者を「悪人」「他力の悪人」と呼ぶところに特徴がある。「弥陀は悪人を優先的に救済する」という悪人正機説と混同されることが多いが、迦才《かさい》(七世紀、唐《とう》の僧)が『浄土論』で「浄土宗の意《こころ》は本は凡夫《ぼんぶ》のため、兼ねては聖人のためなり」と説いて以来、悪人正機説は浄土教の伝統的思潮である(平二〇一一)。

▼専修念仏　法然が提唱した思想運動。称名《しょうみょう》念仏は弥陀が選んだ唯一の往生行《ぎょう》であるから、念仏以外では往生できない、との選択本願念仏説に立脚。諸行による往生を否定し、ひたすら念仏をとなえることを主張。朝廷・幕府《ばくふ》から弾圧された。顕密仏教は初心者向

けの方便として、念仏の専修を勧めたが、これと専修念仏とは根本的に異質である。

▼厳しい批判　黒田俊雄氏が提唱した顕密体制論がその代表(黒田一九七五)。顕密体制論は中世仏教の基軸を顕密仏教に求め、いわゆる鎌倉新仏教を異端とする。

▼南都六宗　奈良時代に興隆した仏教宗派。三論宗・法相宗・華厳宗・律《りつ》宗・倶舎《ぐしゃ》宗・成実《じょうじつ》宗の六つ。宗としての組織は未熟で、学派としての色彩が強い。

▼顕密仏教　「鎌倉新仏教」概念の学問的有効性を否定した黒田俊雄氏が、「旧仏教」にかわるものとして提唱した学術用語。

▼私度　政府の許可をえないで僧侶となること。十世紀の税制改革を機に禁止政策を放棄した。その後も私度僧は無数にいるが、「私度」という言葉が死滅し使われなくなった。

では、鎌倉新仏教史観の何が問題なのか。最初にこの問題について考えておこう。三論《さんろん》宗や法相《ほっそう》宗・華厳《けごん》宗などの南都六宗《なんとろくしゅう》▲と、最澄《さいちょう》が開いた天台《てんだい》宗、そして空海《くうかい》が伝えた真言《しんごん》宗の計八つの宗派を包括して顕密《けんみつ》仏教▲(旧仏教)と呼ぶが、鎌倉新仏教史観では、これらは古代・中世で質的な変化がなく、古代仏教のままであったと想定している。しかしその理解には大きな難点がある。十世紀の変化を無視しているからだ(平一九九二、平二〇〇一)。

南都六宗は奈良時代に成立し、天台宗・真言宗は平安《へいあん》時代の初めに登場した。しかし、十世紀を境に日本社会は大きく変わった。律令《りつりょう》体制の崩壊である。班田収授《はんでんしゅうじゅ》制や租庸調《そようちょう》の租税制度が崩壊して、社会体制のあり方が大きく変化した。財政赤字に直面するなかで国家機構が劇的に縮小され、朝廷《ちょうてい》は地方分権・民営化・規制緩和に踏み切った。また六位以下の中・下級役人の俸禄《ほうろく》が支払われなくなって、役人の実質的な削減が行われた。その影響はさらに宗教政策にもおよんでいる。

(1)律令体制では僧尼《そうに》に課役免除の特権をあたえたため、私度《しど》▲を禁じて僧尼の数を管理した。しかし私度僧が脱税の温床となったため、租税制度の改革を機に僧尼の税制特権を廃止し、私度の禁止政策も放棄した。

(2)律令体制における仏教のあり方を定めた僧尼令《りょう》▲では、天皇批判を禁じていたが、北野天神《きたのてんじん》信仰が盛んになると、醍醐《だいご》▲天皇が地獄に堕《お》ちたという説話が広まり、天皇批判の禁止が有名無実化した。

(3)僧侶が布教によって民衆を惑わせること(「百姓妖惑《ひゃくせいようわく》」)を禁じる政策をやめ、朝廷は民衆の心を管理する政策を放棄した。

(4)官幣社《かんぺいしゃ》▲五七三社を朝廷が直接管理する体制を改め、そのうち九五%以上の管理権を地方の役所に移した。

このように、宗教をめぐる環境は大きく変化し、仏教を縛っていた僧尼令も空洞化した。仏教界は活動の自由を手にしたのである。でも、それは苦い自由だった。経済的保護の後退と一体であったからだ。古代寺院は財政危機に直面し、いやおうなく自己変革を迫られた。もちろん、それは容易なことではない。時代の激流のなかで膨大な寺院が十世紀で消えていった。

しかし他方では、みごとに中世寺院に生まれ変わったものもある。その代表が延暦寺《えんりゃくじ》であり、興福寺《こうふくじ》である。彼らは貴族や民衆の世界、そして地域社会

▼**僧尼令**　僧尼を統制する法令。二七条からなる。第一条では、僧尼が偽りの災祥《さいしょう》を説いて国家天皇を批判し民衆を妖惑すれば、還俗《げんぞく》させて刑を科す、と定める。なお、僧尼令がどの程度、規定どおりに運用されていたかについては議論がある。

▼**醍醐天皇**　八八五〜九三〇。宇多《うだ》天皇の子。菅原道真《すがわらのみちざね》を大宰府《だざいふ》に左遷。九三〇(延長《えんちょう》八)年の清涼殿《せいりょうでん》落雷に衝撃を受け、道真の怒りを恐れながら死没。十世紀中頃には、醍醐天皇が地獄に堕ちたという説話(『道賢《どうけん》上人冥途記《めいどき》』)が登場し、流布した。

▼**官幣社**　朝廷から幣帛《へいはく》を支給される神社。国司《こくし》から幣帛を支給される神社は国幣社《こくへいしゃ》という。『延喜式《えんぎしき》』では五七三社が官幣社に、二二八八社が国幣社と定められた。

に積極的に進出することによって、中世化を達成した。そして平安後期の院政《いんせい》時代になると、顕密仏教は国家との関係▲を再構築することに成功して最盛期を迎える。ここで、その発展ぶりを確認しておこう。

第一に、院権力による仏法興隆策は経典《きょうてん》研究の深化をもたらした。これについては少し説明が必要である。中世には顕密僧と聖《ひじり》と在俗出家《ざいぞくしゅっけ》という、三種類の僧形《そうぎょう》の人びとがいた。このうち、在俗出家は俗人としての家庭生活を送りながら、仏教に帰依《きえ》して出家得度《とくど》し、沙弥《しゃみ》となった人たちだ。それに対し、プロの宗教者が顕密僧と聖であるが、中世仏教界の中心を占めたのが顕密僧である。彼らは、公請《くじょう》▲と官位《かんい》の二つの特権をもっていた。このうち、公請は朝廷が主催する公的仏事に出仕することをいう。また、貴族・武士が朝廷から官位を授けられたように、顕密僧にも官位があたえられた。僧正《そうじょう》―僧都《そうず》―律師《りっし》という官職▲と、法印《ほういん》―法眼《ほうげん》―法橋《ほっきょう》―大法師《だいほっし》―法師という僧位《そうい》である。そして顕密僧は、朝廷仏事に参加した実績を積み重ねることで官位昇進を果たしていった。

一方、聖は官位をもたない私的存在であり、聖人《しょうにん》・上人と呼ばれた。顕密僧が朝廷の公請を中心にしながら、貴族・武士などの私請《ししょう》(私的仏事)にも携わっ

▼国家との関係　末法《まっぽう》への転落を防ぐには、仏法を興隆して貪欲《どんよく》な国司から寺院を保護することが必要だ、と顕密仏教が主張。また、王法《おうほう》と仏法はたがいに助けあうべきだとする王法仏法相依《そうえ》論をとなえた。朝廷もこうした見解を受け入れて顕密仏教の振興をはかった。

▼公請　朝廷が主催する公的な法会に招へいされて、聴衆《ちょうじゅ》・講《こう》師《じ》・証義《しょうぎ》や導師・呪願《しゅがん》・阿闍梨《あじゃり》・伴僧《ばんそう》などの役職をつとめること。この実績を重ねることで官位が昇進した。

▼官職　僧官の権限が空洞化した結果、中世では僧正・僧都・律師も実質的に位階(僧位)となった。『弘安礼節《こうあんれいせつ》』(一二八五年)は、僧正が参議《さんぎ》、律師が五位殿上人《てんじょうびと》と同格とする。

たのに対し、聖は公請が認められず、私的仏事に専従した。仏事への要望が社会諸階層から寄せられるようになったため、私請専門の聖が存立できるようになったのだ。法然・親鸞はもとより、道元《どうげん》・日蓮《にちれん》や明恵《みょうえ》・貞慶《じょうけい》などは、いずれも聖であった。そして顕密僧の白衣《びゃくえ》に対し、聖は黒衣《こくえ》とイメージされた。

話を戻すと、院政時代に朝廷は二会《にえ》▲・四灌頂《しかんじょう》▲・三講《さんこう》▲の法会《ほうえ》体系を整備した。これによって学僧たちが、努力と研鑽によって昇進できる道が切り開かれた。学僧は寺内法会で研鑽を積むと、国家的法会の晴れ舞台で宗派を代表して他宗の僧侶と論戦した。そこで認められると、いっそう重要な役職を担いながら官位昇進を果たしていった。つまり、学僧の努力に報いるシステムが院政時代に整えられ、これが刺激となって、経典の正確な理解をめざす文献研究がおおいに発展したのだ。延暦寺の証真《しょうしん》▲、興福寺の蔵俊《ぞうしゅん》や勧修寺《かじゅうじ》の興然《こうねん》など、卓越した学僧がつぎつぎと登場し、仏法興隆策は経典研究の深化となって結実した。

鎌倉時代に法然・親鸞・道元・日蓮といった思想家が登場するが、彼らの独創的な経典解釈の背後には、院政時代の実証的な経典研究の蓄積があった。ただし、学僧による研究が進んでくれば、単なる経典解釈ではあきたらなくなる。

▼**二会**　南都の南京三会《なんきょうさんね》(興福寺維摩会《ゆいまえ》・宮中御斎会《ごさいえ》・薬師寺最勝会《さいしょうえ》)と、天台顕教《けんぎょう》の北京三会《ほっきょう》(法勝寺《ほっしょうじ》大乗会・円宗寺《えんしゅうじ》法華会・同最勝会)をいう。

▼**四灌頂**　東密の東寺《とうじ》・仁和寺《にんなじ》結縁《けちえん》灌頂と台密《たいみつ》の尊勝寺《そんしょうじ》・最勝寺《さいしょうじ》結縁灌頂の四つをいう。二会の講師や、四灌頂の阿闍梨をつとめた者は已講《いこう》・已灌頂と呼ばれ、やがて律師に任じられた。

▼**三講**　宮中最勝講・仙洞《せんとう》最勝講・法勝寺八講《はっこう》。中世で、もっとも権威のある顕教法会。

▼**証真**　生没年未詳。宝地房《ほうじぼう》。文献学的研究に没頭し『法華《ほっけ》三大部私記《しき》』を執筆。その間、源平《げんぺい》内乱にも気づかなかったという。慈《じ》円《えん》・法然とも交流し、一二〇七(承元《じょうげん》元)年に延暦寺の総学頭《そうがくとう》に就任。

▼**禅瑜**　生没年未詳。九七七(貞元《じょうげん》二)年に延暦寺の探題《たんだい》に就任。

こうして、鎌倉時代に仏教思想家が誕生する。院政時代から鎌倉時代への転換とは、「仏教学者の時代」から「仏教思想家の時代」への転換でもあった。

第二に、院政期における顕密仏教の隆盛のなかで、仏教の教えが民衆の世界にまで広がった。十世紀後半に延暦寺禅瑜《ぜんゆ》▲が著わした『阿弥陀新十疑《あみだしんじゅうぎ》』▲では、「煩悩《ぼんのう》▲をもった者も、念仏の力で極楽往生できる」と述べているし、「十悪《じゅうあく》▲五逆《ごぎゃく》▲の悪人であっても、臨終《りんじゅう》の時に念仏をとなえると往生できる」と語っている。東密《とうみつ》の『覚禅鈔《かくぜんしょう》』（平安末成立）も「十悪五逆」の往生を説いており、悪人往生や悪人成仏《じょうぶつ》は顕密仏教の世界では常識となっていた。

では、こうした常識はどこまで社会に浸透していたのだろうか。ある貴族▲は一一二〇（元永《げんえい》三）年の日記に、「弥陀の本願《ほんがん》は重罪人も棄《す》てざる也。これによって往生に志《こころざし》ある人は只《ただ》念仏を修すべき也」と記している。また『梁塵秘抄《りょうじんひしょう》』には次の歌が見える。

弥陀の誓《ちか》ひぞ頼もしき、十悪五逆の人なれど、
一度《ひとたび》御名《みな》を称《とな》ふれば、来迎引接《らいごういんじょう》疑はず

つまり、「阿弥陀仏の誓願はたいへん頼もしい。どのような悪人であっても、

▼『**阿弥陀新十疑**』　原文は「未《み》断惑《だんわく》の凡夫も、念仏の力によりて往生することを得るなり」「十悪五逆を造るの人も、臨終の時、心念あたわずと雖《いえど》も、口に南無阿弥陀仏と称するによりて、往生することを得るなり」。

▼**煩悩**　身心を乱して正しい判断を妨げる心の働き。貪《とん》（むさぼる）・瞋《しん》（いかり）・痴《ち》（おろか）の三毒がその根源。

▼**十悪**　人間がおかす重い罪。殺生《せっしょう》・偸盗《ちゅうとう》・邪淫《じゃいん》・妄語《もうご》・両舌《りょうぜつ》・悪口《あっく》・綺語《きご》（飾った言葉）・貪欲《どんよく》・瞋恚《しんい》（いかり）・邪見《じゃけん》をいう。

▼**五逆**　五逆罪とも。人がおかすもっとも重い罪業《ざいごう》。一般に、父を殺す、母を殺す、阿羅漢《あらかん》（悟った聖者）を殺す、僧の和合《わごう》を破る、仏身を傷つけるの五つをいう。

▼**ある貴族**　藤原宗忠《ふじわらのむねただ》の日記『中右記《ちゅうゆうき》』の同年二月十二日条。

たった一度、南無《なむ》阿弥陀仏ととなえるだけで、必ず弥陀が来迎して極楽に迎えてくれる」と謡《うた》っている。当時流行《はや》っていた今様《いまよう》▲の歌詞を、一一六九(嘉応《かおう》元)年頃に後白河院《ごしらかわいん》が編纂したのが『梁塵秘抄』▲である。法然が注目されるようになったのが一一八六(文治《ぶんじ》二)年の大原《おおはら》問答であり、親鸞が法然門下となったのが一二〇一(建仁《けんにん》元)年であるが、この歌はそれ以前に登場・流布していた。「どのような悪人でも、念仏をとなえるだけで極楽往生できる」との思潮は、法然や親鸞が活動する以前に、流行歌で謡われるほど民衆の世界に浸透していた。仏教の教えを民衆に広めたのは、法然・親鸞がはじめてではない。鎌倉新仏教史観はこの点で、決定的な事実誤認をおかしている。

このように顕密仏教は院政時代に最盛期を迎え、仏教の教えは民衆の世界にまで浸透するようになった。しかしそれはまた、仏教の教えが民衆支配を正当化したり、差別や格差を肯定・助長する時代が到来したことを意味している。

「諏訪《すわ》社▲の命令は諏訪大明神《だいみょうじん》の命であるので、背いてはならない」とあるように、寺社が命じたことは神仏の命令とされた。また、高野山金剛峯寺《こうやさんこんごうぶじ》は「荘《しょう》官《かん》・百姓《ひゃくしょう》▲は開発に励んで年貢《ねんぐ》を完納せよ。そうすればお前たちには極楽往生

▼**今様**　院政期に流布した最新の流行歌。今様とは現代風の意。

▼**『梁塵秘抄』**　後白河院(一一二七〜九二)が編纂。歌詞集一〇巻と口伝《くでん》集一〇巻からなり、巻一・巻二と口伝集巻一・巻一〇が伝存。一一六九(嘉応元)年までに口伝集巻一〜巻九が成立。巻一〇はそれから約一〇年後の成立。

▼**諏訪社**　「(諏訪)大明神は神主・大祝《おおはふり》の下知《げち》を以て御宣《おんせん》をなすこととなり。何ぞその下知に背かんや」(『吾妻鏡《あずまかがみ》』文治二〈一一八六〉年十一月八日条)。諏訪大社は信濃国一宮《しなののくにいちのみや》。神官組織が諏訪一族の武士団組織でもあった。

▼**荘官・百姓は**　建久《けんきゅう》三(一一九二)年正月十五日鑁阿《ばんな》下文《くだしぶみ》(『鎌倉遺文』五七五五号)を参照。

▼**四季の祈禱**　二月・五月・八月・十一月の朔日〜四日の法要。貞和三(一三四七)年八月一日学侶《がくりょ》

方《かた》四季祈禱条々定書写《さだめがきうつし》（総本山金剛峯寺編『高野山文書』三五五号）を参照。

▼**地獄の恐怖**　八八八（仁和四）年の諸国仏名会《ぶつみょうえ》では、地獄での拷問の情景をリアルに語り「課税より逋逃《ほとう》」「公私を欺詐《ぎさ》」することを誡めた。こうして脱税・偽籍は堕地獄の責め苦を受けると民衆に教唆した。

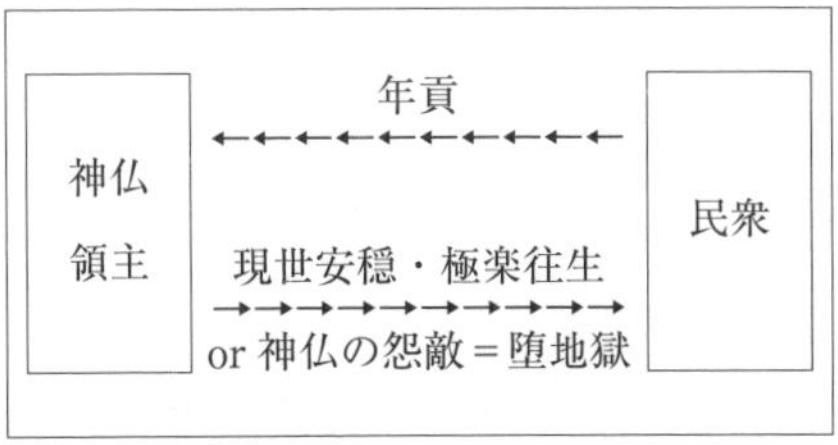

中世の民衆と神仏

が約束されよう。しかし、もしも高野山の命に背くなら、お前たちには仏罰・神罰がくだるだろう」と述べている。さらに金剛峯寺は、一三四七（貞和《じょうわ》三）年から四季の祈禱《きとう》▲という儀式を始めた。そこでは、年貢を未納したり、高野山に背いた百姓の名前を書き上げて、彼らに仏罰・神罰がくだるよう呪っている。こういう呪いの儀式を年に四回行っていた。

上欄の図のように、中世ではしばしば領主《りょうしゅ》が神仏を独占していた。その結果、領主に年貢をおさめることは、神仏への奉仕でもあるという二重性を孕《はら》む。そのため従順な民衆には極楽往生が約束された。しかし領主に反抗すれば、神の敵、仏の敵と指弾されて、地獄に堕とされたのだ。法然の時代、民衆はこういう世界を生きていた。「年貢を払えば往生できるが、領主に背けば地獄に堕ちる」、こうした教えが人びとの心を、がんじがらめに縛っていた。地獄の恐怖▲が、この世の支配を成り立たせている。来世の問題は来世の問題ではない。来世の問題は現世の支配と直結していた（平一九九二）。

こういう時代のなかで、法然は何を考え、どのように生き抜いていったのだろうか。神話や伝承を排しながら、中世を生きた法然の歩みをたどってゆこう。

①―法然の前半生の歩み

法然の出家

　法然は一一三三(長承《ちょうしょう》二)年に、美作国《みまさかのくに》久米《くめ》南条《なんじょう》の稲岡庄《いなおかのしょう》▲で生まれた。父は久米郡の押領使《おうりょうし》である漆間時国《うるまときくに》、母は秦《はた》氏である。押領使とは地方豪族《ごうぞく》を任命して治安維持にあたらせたものなので、法然は武士の家に生まれたことになる。ところが法然が九歳の春、稲岡庄預所《あずかりどころ》▲である明石定明《あかしさだあき》の夜襲にあって父が亡くなった。この明石定明は同時代の貴族《きぞく》の日記▲に登場しており、実在の人物である。夜討ちによって法然の父が亡くなったのは、事実と考えてよい。

　院政《いんせい》時代は中世の成立期である。農民が年貢《ねんぐ》と公事《くじ》▲を領主《りょうしゅ》におさめるという荘園公領《しょうえんこうりょう》制は院政時代に成立し、そのシステムは応仁《おうにん》の乱《らん》(一四六七〜七七年)まで継続した。そこで近年の研究者は、院政期を中世社会の成立期と捉え、ここから応仁の乱までを中世と考えている。

　ただし中世には設計図がなかった。古代の律令《りつりょう》体制は中国の統治モデルをまねて整備されたが、中世にはモデルがない。そのため試行錯誤を繰り返しな

▼**稲岡庄**　岡山県久米郡久米南町にあった荘園。荘園領主や立荘の経緯は不明。のち漆間時国の館跡に誕生寺《たんじょうじ》が創建された。『法然上人行状絵図』に登場するので、誕生寺は十四世紀初頭までに成立。

▼**預所**　荘園領主にかわって現地に赴き、下司《げす》・公文《くもん》を指揮して年貢徴収や土地の管理に従事した。

▼**貴族の日記**　藤原頼長《よりなが》の日記『台記《たいき》』康治《こうじ》二(一一四三)年七月二十四日条に、明石定明の父定国《さだくに》の話が登場。堀河《ほりかわ》天皇の滝口《たきぐち》の武士であった定国は、北海の龍王に転生した堀河院と再会するため、龍頭の船に乗り烈風のなか北に向かって疾走した、という。

▼**公事**　荘園公領制における年貢以外の雑税。雑《ぞう》公事のほか、京《きょう》上夫《のぼりふ》・兵士《へいじ》役のような夫役《ぶやく》も課された。

夜襲に応戦する漆間時国(左)　(『法然上人行状絵図』巻１)

叡空(右)**に入室する法然**(左)　中央後ろ姿が源光(『法然上人行状絵図』巻３)。
延暦寺僧の左２人は僧綱襟《そうごうえり》(後頭部の辺りを三角形に立てた襟)を着装。僧綱襟は貴族身分の顕密僧であることを示す身分標識。そのため，聖の叡空は僧綱襟ではない。延暦寺時代の法然が僧綱襟を着装していたかは検討を要する。
『法然上人行状絵図』は歴史資料として非常に貴重であるが，そこに描かれた図像はあくまで鎌倉末段階での想像図であることに留意が必要。

がら、徐々に秩序が構築されていった。となれば混乱は避けられない。所領《しょりょう》の境界や権限が明確でなかったし、領主が複数いたり、農民の負担もはっきりしなかった。こうして領主同士の武力衝突や、領主—農民間の争いが激発した。法然の父と預所との抗争も、全国で起きていた武力紛争の一事例である。法然は幼くして、中世という時代の苛酷《かこく》さを身をもって体験した。

父を失った法然は、母方の叔父である菩提寺《ぼだいじ》▲観覚《かんがく》▲に引き取られて僧侶となった。『法然上人行状絵図《しょうにんぎょうじょうえず》』▲巻一によれば、出家《しゅっけ》は父の遺言とのことである。「敵を恨んではならない。私の死は因果応報《いんがおうほう》だ。敵を恨めば、敵討《かたきう》ちが何世代も続くことになる。出家して私の冥福《めいふく》を祈り、自分の悟りを求めなさい」。そう遺言したという。よくできた話だが、真偽はわからない。

中世では、幼くして父を亡くした子に残された、もっともありふれた道が僧侶である。紀州《きしゅう》の武士の家に生まれた明恵《みょうえ》は八歳で父母を亡くし、母方の叔父（行慈《ぎょうじ》）にあずけられて出家した。貞慶《じょうけい》は平治《へいじ》の乱▲で祖父と父を亡くしたため、父方の叔父（覚憲《かくけん》）を頼って八歳で興福寺《こうふくじ》に入っている。幼年期に父を失った子に、人生の選択肢は多くなかった。

▼**菩提寺**　岡山県勝田《かつた》郡奈義《なぎ》町に所在。中世は天台宗であったが、江戸時代に浄土宗となる。

▼**観覚**　法然の母の弟。法然の師。延暦寺で竪義《りゅうぎ》をとげられず、興福寺に移って得業《とくごう》となり、菩提寺の院主《いんず》となった。

▼**『法然上人行状絵図』**　法然の伝記絵巻。知恩院《ちおんいん》蔵（国宝）。四八巻からなる。十四世紀初頭の成立。後伏見上皇《ごふしみじょうこう》の勅《ちょく》によって編纂されたといわれるが確証はない。法然の流罪《るざい》や流罪赦免を命じた官符は、本書の独自史料。信憑性の高い記事も見え貴重である。

▼**平治の乱**　一一五九（平治元）年の戦乱。貞慶の祖父藤原信西が殺害され、父貞憲《さだのり》も死没。

▼**西塔**　延暦寺は東塔《とうどう》・西塔・横川《よかわ》の三地域からなり、さらに東塔・西塔はそれぞれ五谷《たに》、横川は六谷《いんけ》に分かれた。堂塔・坊舎を含む院家が集まって谷を構成。

さて、法然をあずかった観覚は、若いころ延暦寺《えんりゃくじ》や興福寺で学んだ経験があった。法然の非凡さに驚いた観覚は、学問の盛んな延暦寺でその才能を伸ばすべきだと考えた。そこで観覚は、「文殊菩薩《もんじゅぼさつ》像一体を進上します」との手紙をもたせて、比叡山西塔《ひえいざんさいとう》▲北谷《きただに》の持宝房源光《じほうぼうげんこう》▲のもとに法然を送った。聡明な法然を、智恵の文殊に見立てたのである。法然一三歳であった。

当時の延暦寺は文化の中心であった。仏教諸宗派はもちろんのこと、儒教《じゅきょう》や和歌、さらに医学・薬学や農業・土木技術から占星術・兵法まで教えており、一種の総合大学のような存在だった。法然は源光のもと、学僧として著名な皇《こう》円《えん》▲の指導をうけた。そして一五歳で出家し、天台座主《てんだいざす》行玄《ぎょうげん》▲から延暦寺戒壇院《かいだんいん》で受戒《じゅかい》▲して正式の顕密僧《けんみつそう》となった。こうして本格的に天台宗の教えを学んだ。

しかし他方では、顕密仏教の世界は家柄が重視されており、地方武士の子は学侶《がくりょ》▲の最下層であった。居心地がよかったとは思えない。そうしたこともあり、法然は一八歳で遁世《とんせい》し、比叡山黒谷別所《くろだにべっしょ》の慈眼房叡空《じげんぼうえいくう》の弟子となった。顕密僧から黒衣《こくえ》の聖《ひじり》に転じたのである。聖の世界は、家柄よりも本人の能力がシビアに問われる実力主義の世界だ。それも遁世の一因だったろう。

▼**源光**　延暦寺の僧。詳細は不明。

▼**皇円**　?～一一六九。関白《かんぱく》藤原道兼《みちかね》の玄孫で、重兼《しげかね》の子。延暦寺皇覚《こうかく》・成円《じょうえん》に師事し東塔西谷功《く》徳院《どくいん》に住した。『扶桑略記』を編纂。甥の隆寛《りゅうかん》と藤原知資《ともすけ》はいずれも法然に帰依《きえ》。

▼**行玄**　一〇九七～一一五五。関白藤原師実《もろざね》の子。一一三八(保《ほう》延《えん》四)年より没年まで天台座主。

▼**受戒**　正式の比丘(顕密僧)となるために東大寺か延暦寺の戒壇で戒律をうけること。延暦寺では天台座主が授けるのが恒例。

▼**学侶**　中世寺院の中心となる寺内身分。学問や祈禱に従事した。その下位に供花・供水に携わる堂《どう》衆《しゅ》(行人《ぎょうにん》)がおり、しばしば対立。一二〇三(建仁《けんにん》三)年の延暦寺の堂《どう》学《がく》合戦では数百人の戦死者を出した。

ところで、黒谷別所▲は、源光が住んでいた西塔北谷の麓《ふもと》にあり、近接している。師の源光と叡空▲も、日常的に交流していたはずだ。叡空は「法然房源空」の名を授けたが、「源空」は源光と叡空から一字ずつとったものだ。このことは、この遁世が二人の師の円満な話し合いによって、実現されたことを示唆している。おそらく源光にはすでに後継者がいるなどの事情があったため、叡空の跡継ぎということで叡空のもとに入室したのだろう。

叡空は大原《おおはら》の良忍《りょうにん》の弟子であり、聖として高名な人物である。叡空は法然に円頓戒《えんどんかい》▲を伝授し、浄土《じょうど》の教えを教授した。叡空と法然には、(ア)社会活動を行う聖と、(イ)浄土教家、という二つの側面がある。ただし、この二つは共に、浄土教の社会的展開と密接な関わりがある。そこで、浄土教の展開を踏まえたうえで、(ア)・(イ)の側面について検討することにしよう。

浄土教と在俗出家

浄土教は九世紀後半から貴族社会に受容された。前世・現世・来世といった三世《さんぜ》の考えや、地獄・極楽《ごくらく》観が受け入れられ、日本人の世界観を大きく変えた。

▼**黒谷別所**　別所は本寺《ほんじ》から離れた地に設けられた宗教施設。引退した顕密僧の終焉の地としての性格が強く、浄土教が盛ん。聖たちの活動の拠点にもなった。黒谷と大原は延暦寺の代表的な別所。

▼**叡空**　?～一一七九。出自は未詳。一説に太政《だじょう》大臣藤原伊通《これみち》の子という。天台宗を延快《えんかい》から学び良忍から浄土教と円頓戒を相承。黒谷別所の聖として貴族社会で活躍。法然の師となった。

▼**円頓戒**　『梵網経《ぼんもうきょう》』が説く菩薩戒。十重《じゅうじゅう》四十八《しじゅうはち》軽《きょう》戒からなる。円満頓速《とんそく》に悟りがえられるとの意で、円頓戒と美称。僧侶がうける具足《ぐそく》戒とは異なり、菩薩戒は在家《ざいけ》と出家の双方にわたる。最澄《さいちょう》は菩薩戒のみで僧侶を養成しようとし、八二二(弘仁《こうにん》十三)年に認可され延暦寺戒壇が設立された。ただし院政期になると受戒は顕密僧への通過儀礼と化し、戒律の研究や持戒

とはいえ、人生を「苦《く》」と捉えるような仏教の教えまで受容したわけではない。人びとは基本的に「現世安穏《あんのん》・極楽往生《おうじょう》（この世は幸せになりたい。あの世でも幸せになりたい）」を願っていた。当り前といえば、当り前のことだ。ところが、浄土教は「厭離穢土《おんりえど》・欣求浄土《ごんぐ》（この世で生きるのはもう嫌だ。早く浄土に往きたい）」を心から願うことを極楽往生の条件とした。この世を穢土として否定し、この世の幸せを断念しないと、来世の幸せを手に入れることができない。この世の幸せの追求は、来世の不幸（堕《だ》地獄）を招くことになる。ここに葛藤《かっとう》が生じた。人びとの素朴《そぼく》な願いと、仏教の論理が衝突したのだ。

そこで人びとは、何とかして、この世とあの世の二つの幸せを手に入れようとした。こうして、極楽往生を手に入れるため、現世を否定したかのように擬装する儀礼が誕生する。これが在俗《ざいぞく》出家である。

私たちの多くは、亡くなった時に法名を授けられる。近世から近現代はこうした死後出家▲が中心であるが、古代・中世では生きている間に出家した。仏弟子となり現世の幸せを断念したかのように装うことで、来世の幸せを手に入れようとしたのである。この在俗出家は臨終《りんじゅう》出家▲から始まった。病が重く死を覚

を軽視。そこで良忍らの聖が円頓戒の伝持者として活躍するようになった。

▼死後出家　死者の出家儀礼。一一八八（文治四）年の九条良通《よしみち》がその初見。その後、藻璧門院《そうへきもん》（一二三三年）、後光厳院《ごこうごん》（一三七四年）、後円融院《ごえんゆう》（九三年）、足利氏《うじ》満《みつ》（九八年）、小川宮《おがわのみや》（一四二五年）、足利義尚《よしひさ》（八九年）とふえていった。

▼臨終出家　病を契機とする出家。基貞親王《もとさだしんのう》（八四九年）、仁明《にんみょう》天皇（八五〇年）、皇太后《こうたいごう》嘉智子《かちこ》（八五〇年）、繁子《しげこ》内親王《ないしんのう》（八五一年）、人康《さねやす》親王（八五九年）、源　啓《ひらく》（八六九年）、惟喬《これたか》親王（八七二年）のように、九世紀中葉に天皇家からその風習が始まった。

悟した時に、「厭離穢土・欣求浄土」を装って極楽往生を願ったのだ。臨終出家の風習は九世紀中葉に天皇家から始まり、それが貴族社会に広まっていった。とはいえ、多くはそのまま亡くなったし、生き延びても、これといった活動の場は世俗社会に存在しなかった。ところが、藤原道長《ふじわらのみちなが》から事情が変わる。

一〇一九(寛仁《かんにん》三)年、道長は危篤となって出家したが、一〇日たらずで病が癒えて政務に復帰した。こうして在俗出家の最高権力者が誕生した。さらに院政時代に入ると、白河《しらかわ》▲・鳥羽《とば》▲・後白河法皇《ごしらかわほうおう》▲はそれぞれ、出家して三三年・一四年・二三年間にわたって治天《ちてん》の君《きみ》として君臨した。家督《かとく》を保持し、世俗の最高権力を駆使する出家者が登場したのである。

そして家督を保持した在俗出家の風習は、貴族・武家《ぶけ》社会に広まった。法皇だけでなく、藤原信西《しんぜい》・平清盛《たいらのきよもり》・九条道家《くじょうみちいえ》▲から北条時頼《ほうじょうときより》・足利義満《あしかがよしみつ》にいたるまで、中世の公武《こうぶ》権力者の多くが在俗出家である。さらに御家人《ごけにん》はもちろん、村や町の宿老《しゅくろう》の多くも在俗出家となり、南北朝《なんぼくちょう》期には民衆の世界▲にまで在俗出家が広まった。世俗社会の運営の中核を出家が担うという、特異な社会がこうして誕生した。これは世界史的にみても希有であり、日本においても中世だ

▼**白河法皇**　一〇五三〜一一二九。後三条《ごさんじょう》天皇の第一皇子。一〇八六(応徳《おうとく》三)年より院政を行い、九六(嘉保《かほう》三)年、娘の死をなげいて出家。法皇として政治を行った。

▼**鳥羽法皇**　一一〇三〜五六。堀河《ほりかわ》天皇の第一皇子。白河院の没後から院政。一一四一(永治《えいじ》元)年に出家し、法皇となって君臨。

▼**後白河法皇**　一一二七〜九二)。鳥羽天皇の第四皇子。一一五八(保元《ほうげん》三)年より院政を行い、一一六九(嘉応《かおう》元)年に出家。一一八七(文治三)年には伝法灌頂《でんぽうかんじょう》をうけた。

▼**九条道家**　一一九三〜一二五二。九条良経《よしつね》の子。将軍九条頼経《よりつね》の父。一二三八(嘉禎《かてい》四)年の出家後も権勢をふるったが、建長《けんちょう》の政変(五一年)で失脚・死没した。

▼**民衆の世界**　近江国《おうみのくに》菅浦《すがうら》は一三四六(貞和《じょうわ》二)年に村掟《むらおきて》を定めたが、そこに署名した村の指導者一二人全員が法名の在俗出家である。

九条兼実(左)**と藤原隆信と尋玄**(右)
在俗出家は顕密僧や聖の僧服を着用。外見ではプロの僧と見分けがつかない。尋玄(右下)は延暦寺の僧。残り２人が在俗出家(『法然上人行状絵図』巻８)。

顕密装束の足利義満(左，鹿苑寺蔵)**と黒衣を着用した北条時頼**(右，『法然上人行状絵図』巻26)。

在俗出家の御家人　左は内藤盛政《ないとうもりまさ》，右は宇都宮頼綱《うつのみやよりつな》・塩谷朝業《しおのやともなり》・千葉胤頼《ちばたねより》・渋谷《しぶや》七郎《しちろう》のいずれか(『法然上人行状絵図』巻42)。

けの特殊現象である(平二〇一三)。

このように浄土教は広く深く社会に定着していった。それにともない、逆《ぎゃく》修《しゅ》▲、出家の戒師《かいし》、臨終の看取《みと》り、葬送、追善《ついぜん》▲の法要など、さまざまな仏事の需要が増大してくる。それを聖が中心となって担った。これが本格化した時期が院政時代である。叡空はそうした聖の代表的存在であり、法然は叡空の活動を継承した。そこで具体的に、(ア)聖としての法然についてみてみよう。

聖としての法然

聖としての法然の活動には、(1)仏事に際しての授戒《じゅかい》、(2)病悩平癒の授戒、(3)出家の戒師、(4)臨終の善知識《ぜんちしき》の四つがある。日記史料をもとに、それを確認したいが、その前に受戒について説明しておこう。

僧侶への階梯《かいてい》には沙弥《しゃみ》と比丘《びく》の二段階がある。沙弥になる儀礼が「出家得度《とくど》」であり、剃髪して沙弥戒をうけ僧服をまとう。在俗出家の多くはこの沙弥である。それに対し比丘となる儀礼を「受戒」と呼んでおり、東大寺《とうだいじ》・延暦寺戒壇▲で比丘戒(具足戒《ぐそく》▲)をうけて顕密僧となった。つまり、狭義の「受戒」は比丘戒をう

▼逆修　逆《あらかじ》め死後の冥福のために仏事を行うこと。没後の仏事より七倍の功徳があるとされた。

▼追善　冥福を祈る法要。七七日、百カ日、一周忌、三回忌、七回忌などに行った。

▼延暦寺戒壇　延暦寺では菩薩戒を比丘戒としたが、これは日本だけの特例。中国では菩薩戒の受戒では比丘と認定されなかった。そのため延暦寺僧は、東大寺で具足戒をうけたことにして留学した。

▼具足戒　僧侶が守るべき戒律。二五〇戒あり、一般にこれを受戒した者を比丘と認定した。

▼五戒・八斎戒　五戒は在家が守るべき戒律。殺生・偸盗《ちゅうとう》・邪淫・妄語・飲酒をしないこと。八斎戒は斎日に遵守すべき戒律。殺

けることをいうが、広義の受戒は沙弥になるためのものや、五戒・八斎戒《はちさい》▲の遵守を俗人に誓約させるものなどがあった。したがってここで取り上げるのは、いずれも広義の受戒である。

　では、法然はどのような活動を行ったのか。まず、(1)仏事に際しての授戒である。九条兼実《かねざね》は例年七〜九月に念仏《ねんぶつ》法要を行っているが、それを始める前に、必ず魚食を慎しみ、髪を洗って受戒している。受戒には身を清める機能があると考えられた。九条兼実はこれまで、この法要の受戒を高野山《こうやさん》の仏厳《ぶつごん》▲聖人《しょうにん》に依頼していたが、一一八九(文治《ぶんじ》五)年から法然が行うようになった。

　(2)病悩平癒の授戒は、九条兼実とその家族で確認することができる。病となった時に、九条兼実は医師《くすし》の治療をうけながら法然から受戒したし、北政所《きたのまんどころ》▲も、密教祈禱《みっきょうきとう》とともに法然の授戒をうけた。娘の任子《にんし》▲(宜秋門院《ぎしゅうもんいん》)は後鳥羽天皇の中宮《ちゅうぐう》であったが、一一九一(建久《けんきゅう》二)年に病になると、兼実は顕教《けんぎょう》・密教・宿曜道《すくようどう》▲・陰陽道《おんようどう》▲の祈禱を行わせたうえ、さらに法然から受戒させている。また、任子の御産(一一九五〈建久六〉年、春華門院《しゅんかもんいん》誕生)では、法然たち三人の聖が、五〇日ずつ交代で出産まで授戒を続けた。このように受戒には、治病や安

生・偸盗・淫・妄語・飲酒を禁じたほか、正午以降の食事、歌舞音《かぶおん》曲《ぎょく》の娯楽、贅沢な寝具を慎しんだ。

▼**仏厳**　生没年未詳。高野山の僧。九条兼実のもとに出入りして祈禱や説法を行った。一一八八(文治四)年に九条良通の死後出家を担当。著書は『十念極楽易往集《じゅうねんごくらくいおうしゅう》』。

▼**北政所**　一一五二〜一二〇一。藤原季行《すえゆき》の娘で九条兼実の正妻。良通・良経の母。兼実はその死を悼んで出家した。

▼**任子**　一一七三〜一二三八。宜秋門院。九条兼実の娘。一一九〇(文治六)年に後鳥羽天皇中宮となり、春華門院をもうけた。父の失脚によって一一九六(建久七)年に内裏《だいり》を退出。一二〇一(建仁元)年に法然を戒師として出家した。

▼**宿曜道**　『宿曜経』など仏教占星術をもとにした祈りを行う。

▼**陰陽道**　陰陽五行説をもとに吉凶禍福を占って祈りを行う。

産に効果があると考えられたのである。

では、法然の授戒にどの程度の効き目《き》があったのか。九条兼実は北政所の受戒について「功験《くげん》があった。貴いことだ」(『玉葉《ぎょくよう》』▲正治《しょうじ》二〈一二〇〇〉年九月三十日条)と語っているし、任子に関して次のように述べている。

中宮の受戒に、法然のような聖を迎えることに反対する者がいるが、それは事情を知らないからだ。受戒は必ず戒律《かいりつ》を伝持《でんじ》した者から受けないといけない。昔の「名僧」は授戒をよく行ったが、最近の「名僧」は戒律のことを知らない。それに反し、最近の聖はみな戒律を学び、功験がある。だから反対を押し切って法然を迎えたのだ。(『玉葉』建久二年九月二十九日条)

任子は兼実の娘とはいえ、後鳥羽天皇の中宮であり、いまや天皇家の一員だ。法然のような地下人《じげにん》▲を招くことに反対意見が出たが、兼実は押し切った。

ちなみに、ここに登場する「名僧」は「在洛《ざいらく》の名僧」をいう。当時、延暦寺などでは、僧侶が二つに分化しつつあった。寺に常住する「住山僧《じゅうざんそう》」と、朝廷《ちょうてい》や貴族の仏事に頻繁に呼ばれる「在洛の名僧」である。後者は説法《せっぽう》や祈禱に優れて人気があったので、京都に常住するようになった。こうして貴族と日常的に交流す

▼**『玉葉』** 九条兼実の日記。一一六四(長寛《ちょうかん》二)年から一二〇三(建仁三)年までの四〇年間にわたる。

▼**地下人** 昇殿を許された殿《てん》上人《じょうびと》に対し、その資格をあたえられていない者をいう。

▼**妻帯** 僧侶の女犯《にょぼん》は戒律で禁じられたが、白河・鳥羽・後白河法皇は出家後に子どもを儲けた。こうしたこともあって、院政期から顕密僧の妻帯が広まり、自分の子に寺を譲る真弟《しんてい》相続も増加。顕密僧の妻帯が野放しとなった。江《え》戸《ど》時代にふたたび浄土真《じょうどしん》宗以外の妻帯が禁じられるが、一八七二(明治五)年に僧侶の肉食《にくじき》妻帯が自由とされた。

▼**藤原知資** 生没年未詳。藤原

るようになると、「在洛の名僧」の生活が貴族化してゆく。しだいに酒宴・妻帯▲が普通となり、戒律を軽視するようになった。そのすき間に持戒《じかい》の聖が進出して、戒律を得意分野とした訳だ。しかも鎌倉《かまくら》前期は戒律がブームになったため、持戒持律を貫いた法然の授戒は、とくに高く評価された。

次は、(3)出家の戒師。先述のように、在俗出家して沙弥になるには、沙弥戒をさずける授戒師が必要である。その役割を法然が担った。任子が二九歳で出家した時、法然が出家戒師をつとめたし、九条兼実の出家でも戒師をつとめた。ほかにも、法然は藤原知資《ともすけ》▲や大宮実宗《おおみやのさねむね》▲の出家戒師となっている。

在俗出家のなかでも、臨終出家は少し性格が異なる。一一八一(治承《じしょう》五)年、平清盛の側近であった藤原邦綱《くにつな》▲が、「黒谷《くろだに》聖人」を戒師として臨終出家した。叡空は二年前に亡くなっているので、この「黒谷聖人」は法然と考えてよい。では、臨終出家はどのように特殊なのか。実は、出家には治病や厄払《やくばらい》の機能があった。「出家すれば、どのような厄も払えるし、どんな病も平癒できる」(『扶桑略記《ふそうりゃっき》』延久《えんきゅう》五〈一〇七三〉年四月二十七日条)といわれたように、出家には極楽往生だけでなく、治病効果があると考えられた。藤原道長・平清盛や大江広元《おおえのひろもと》▲の出家は、

資隆《すけたか》の子。民部少輔《みんぶのしょう》。叔父が法然の師の皇円。法然の弟子の隆寛は兄弟。一一九四(建久五)年十一月に法然のもとで出家。

▼**大宮実宗**　一一四五〜一二一三。藤原公通《きんみち》の子。一二〇五(元《げん》久《きゅう》二)年に内《ない》大臣となり、翌年法然を戒師として出家。子に西園寺《さいおんじ》公経《きんつね》がおり、藤原定家《さだいえ》は娘婿。

▼**藤原邦綱**　一一二一〜八一。藤原盛国《もりくに》の子。摂関《せっかん》の藤原忠通《ただみち》・基実《もとざね》に仕えた。平清盛と結託して基実の遺領を清盛の娘盛子《せいし》に相続させ、盛子の後見人となる。清盛の信任が厚く、権勢をふるった。

▼**大江広元**　一一四八〜一二二五。父は諸説あり不詳。一一八四(元暦《げんりゃく》元)年、兄の中原親能《なかはらのちかよし》の縁で鎌倉に赴き頼朝《よりとも》を補佐。初代の政所別当《べっとう》に補任。病のため一二一七(建保《けんぽ》五)年に出家したが、回復後はふたたび幕政《ばくせい》に参画。隆寛を保護した毛利季光《もうりすえみつ》は広元の子。

治病・存命を願った出家である。出家者には神仏の加護があるため、治病効果▲があると考えられたのだ。さきに、病悩平癒の受戒にふれたが、これも受戒による仏の加護を期待したものだろう。

最後が、⑷臨終の善知識である。当時の浄土教では臨終のあり方が重視された。死をあらたな門出として、わくわくする想いで迎える(欣求浄土)、こうしてはじめて極楽に往生できると考えられた。そうできるよう助け励ましながら、安らかな死を迎えさせるのが、善知識の役割である。法然の場合、藤原邦綱の臨終善知識をつとめている。

以上、法然の活動を四つの側面からみてきた。貴族の日記に登場する確実なものだけをあげたので、活動の全貌まで捉えることはできないが、おおよそのことがわかるだろう。これらは一般の聖の活動と大差ない。

師の叡空については史料的な制約がいっそう大きくなるが、一一五四(仁平《にんぴょう》四)年に右大臣《うだいじん》源《みなもとの》雅定《まささだ》▲の出家戒師をつとめた。病もなく純粋な信心《しんじん》による出家ということで、その出家は世間を驚かせたが、雅定の信心には叡空の教えがかかわっていたはずである。また、藤原顕時《あきとき》▲とは長らく師檀《しだん》関係▲にあり、顕時

▼**治病効果**　延暦寺院源《いんげん》は藤原道長の出家を「めでたき御家を捨て、出家入道せさせ給ふを三世諸仏達《たち》喜び、現世は御寿命延び、後《ご》生《しょう》は極楽の上品上生《じょうぼんじょうしょう》に上《のぼ》らせ給べきなり。三帰《さんき》五戒を受くる人すら、卅六天《さんじゅうろくてん》の神祇《じんぎ》、十億恒河沙《ごうがしゃ》の鬼神護《まも》るものなり」(『栄華《えいが》物語』巻一五)と語り、『平家《へいけ》物語』巻一は、清盛が出家により病が治り天寿をまっとうしたとする。

▼**源雅定**　一〇九四〜一一六二。源雅実《まささね》の子。有職故実《ゆうそくこじつ》に長《た》け右大臣となったが、一一五四(仁平四)年に叡空を戒師として出家。「後の世のことなどおぼしとりたる心(来世のことを悟りきった信心)」(『今鏡《いまかがみ》』第七)の持ち主と評され、この出家は「帰仏の志」からの出家と称賛された。

▼**藤原顕時**　一一一〇〜六七。藤原為房《ためふさ》の孫、長隆《ながたか》の子。中納《ちゅうな》言《ごん》・大宰権帥《だざいのごんのそち》・民部卿《みんぶきょう》を歴任。

の孫(信空《しんくう》)が叡空のもとに弟子入りした。叡空の歌は『続後撰和歌集《しょくごせんわかしゅう》』▲に一首おさめられており、叡空が貴族たちと和歌でも交流していたことがうかがえる(菊地一九八五)。総じていうと、京都で活動する顕密僧が戒律を軽視するようになったのに対し、円頓戒を伝持した叡空・法然らは、持戒の聖人として信仰を集めたのである。

ところで『法然上人行状絵図』巻一三によれば、叡空が亡くなる時、その坊舎・聖教《しょうぎょう》▲を法然に譲ったという。法然が「黒谷聖人」「黒谷源空聖人」と一貫して呼ばれたこと、また法然が弟子に財産を配分しようとした「法然没後遺誡《ゆいかい》」▲に「黒谷本坊」が見えていることからして、法然が叡空から坊舎・聖教を相続したのは事実と考えてよい。ただし、財産の相続は簡単なことではない。

坊舎を譲られるには、師に常随することが必要である。一般に弟子には常随の弟子と、法門伝受を目的に短期入室する弟子がいるが、財産が譲られるのは常随の弟子であり、そのなかでも嫡弟《ちゃくてい》▲が坊舎・聖教を相続した。常随の弟子は師と寝食を共にして身の回りの世話をし、仏事の際には付き人として師を補佐し、時には手代《てがわり》(代役)をつとめた。さらに師の葬送と追善仏事を主催する。こ

▼**師檀関係**　師となる僧侶と、信者である俗人(檀那《だんな》)との関係。

▼**『続後撰和歌集』**　後嵯峨《ごさが》上皇の命で一二五一(建長三)年に藤原為家《ためいえ》が選定した勅撰《ちょくせん》和歌集。

▼**坊舎・聖教**　住坊《じゅうぼう》と坊領《ぼうりょう》、そして経典・論疏《ろんしょ》(教義を論じた書物と経典の注釈書)をいう。頭注次項に見える黒谷・白川《しらかわ》本坊は、法然が叡空から相続したもの。

▼**「法然没後遺誡」**　体調をくずした法然が、一一九八(建久九)年四月八日に、常随の弟子たちへの財産分与を定めた遺言状。弟子のうち信空に「黒谷本坊〈寝殿《しんでん》・雑舎《ぞうしゃ》〉」「白川本坊〈寝殿・雑舎〉」等を分与すると記している。

▼**嫡弟**　弟子のなかでも、師の坊を相続した者。世俗の家の嫡子に相当する。

れだけのことをして、ようやく財産を相続することができた。相続が約束されていても、面倒見が悪ければ義絶され相続権が破棄される。これが中世の師弟関係の実態である。法然が叡空の坊舎・聖教を相続したということは、法然が嫡弟として長期にわたって叡空に常随したことを示唆している。

叡空の没年▲については良質の史料がないが、『円光大師《えんこうだいし》行状絵図翼賛《よくさん》』と天台宗の『日光山常《にっこうさんじょう》行堂大過去帳《ぎょうどうだいかこちょう》』は共に一一七九(治承三)年二月の没とする。伝来の異なる文献の記述が一致していることから、同年の死没でよいだろう。つまり法然は、一一七九年の四七歳まで叡空に近侍していた。これ以前の法然の事績がほとんど明らかでないのは、このこととかかわっていよう。

そして、さきに紹介した法然の(1)〜(4)が、基本的に聖一般の活動でもあること、また貴族社会での法然の初見史料が「黒谷聖人」との呼称であったことも考えあわせれば、これらはいずれも叡空の活動を継承したものと考えてよいだろう。(ア)聖としての法然はたしかに評価が高かった。しかしそれは、叡空の声望を継承したものであり、ここでの活動に法然の独自性を認めることはできない。

そこで次に、(イ)浄土教家としての法然に話を移そう。

▼叡空の没年　『円光大師行状絵図翼賛』は江戸中期の浄土宗の僧である義山《ぎざん》・円智《えんち》の共編(『浄土宗全書』一六巻一二九ページ)。『日光山常行堂大過去帳』は日光山輪王寺《りんのうじ》の過去帳(『日光市史　史料編上巻』八〇〇ページ)。

②法然の思想

法然と浄土教

法然は浄土教《じょうどきょう》で新しい世界を切り開いていった。ここで、その歩みをたどっておこう。法然の師である叡空《えいくう》は、良忍《りょうにん》の弟子であった。

良忍▲はもともと延暦寺《えんりゃくじ》常行堂《じょうぎょうどう》の念仏僧《ねんぶつそう》であったが、晩年、遁世《とんせい》▲して洛北《らくほく》大原《おおはら》に移った。そして大原声明《しょうみょう》▲を大成するとともに、法華経《ほけきょう》の書写と念仏に専心して往生《おうじょう》したという。また、良忍は融通《ゆうずう》念仏の創始者ともいわれている。

融通念仏とは「一人がとなえた念仏の功徳《くどく》は万人の功徳となり、万人の念仏は一人の念仏と融合する」という考えである。当時、念仏は一日に三万遍から七万遍をとなえることが必要と考えられていた。でも一人で毎日、何万遍もの念仏をとなえることはたいへんだ。そこで、仲間と念仏を融通しあうことで、それをクリアしようとした、これが融通念仏である。ただし、良忍と融通念仏との関係は明確ではない。良忍が亡くなって間もなく、彼が融通念仏を創始したと語られるようになるが、実際に良忍自身が融通念仏の思想をもっていたか

▼**良忍**　一〇七三〜一一三二。尾張《おわり》の人。延暦寺の良賀《りょうが》・禅仁《ぜんにん》に師事して延暦寺の堂僧をつとめ、のち大原に隠棲して来迎院《らいごういん》・浄蓮《じょうれん》華院《げいん》を創建。円頓戒を復興し、声明中興の祖ともいわれる。

▼**遁世**　貴族や顕密僧が朝廷の官位体系から離脱すること。「遁世」は隠遁を意味するのではない。

▼**大原声明**　声明は仏典に節をつけた仏教音楽。大原を拠点とした良忍が天台声明を中興し、来迎院・勝林院《しょうりんいん》が大原声明の道場として名をはせた。

念仏を勧める良忍(『融通念仏縁起』)

は不明である(佐藤一九八一)。

ともあれ叡空は、良忍から円頓戒《えんどんかい》だけでなく、その浄土思想も伝授されたと思われる。そして法然は、叡空から『往生要集《おうじょうようしゅう》』▲などを学んだ。また、比叡山《ひえいざん》の黒谷別所《くろだにべっしょ》は二十五三昧《にじゅうごさんまい》▲の念仏が行われていたことで著名であり、念仏の盛んな聖地と考えられていた。こういう環境で法然は叡空に常随して、仏教や浄土教の基礎を学んだ。

二四歳の時、法然は遊学した。叡空の配慮で、一時的に常随を解かれて知見を広めることが認められたのだ。法然伝によれば、嵯峨《さが》の清凉寺《せいりょうじ》▲に参籠したあと、興福寺《こうふくじ》の蔵俊《ぞうしゅん》▲や、仁和寺《にんなじ》の寛雅《かんが》▲・景雅《きょうが》▲などを訪れて法門談義《ほうもんだんぎ》を行っている。寛雅・景雅は、叡空が出家戒師《しゅっけかいし》をつとめた源雅定《みなもとのまささだ》の従兄弟《いとこ》にあたり、叡空の知り合いと考えられる。こうして法然は、法相《ほっそう》・三論《さんろん》・華厳《けごん》宗など仏教諸宗の教えを広く学んだ。法然はのちに、仏法《ぶっぽう》全体のなかにおける浄土教や称《しょう》名《みょう》念仏の位置について考察することになるが、仏教の教えを幅広く学んだこの時期は、独創的な法然の思想が誕生する土台となった。

一一七五(承安《じょうあん》五)年の春、四三歳で法然は回心《えしん》した。あらたな信仰の世界に

▼**『往生要集』**　源信が念仏による極楽往生を説いた書。九八五(寛和《かんな》元)年の成立。全三巻。称名だけでなく、観想念仏についても詳論。

▼**二十五三昧**　二十五三昧会《え》。毎月十五日に法華経の講説を聞き念仏をとなえて往生を願った会。源信の指導で延暦寺横川《よかわ》で始まり諸方に広まった。「西塔《さいとう》の北谷《きただに》黒谷と云ふ所に廿五三昧《にじゅうごさんまい》おこなふ所」(『保元物語』古活字本)とある。

▼**清凉寺**　京都市右京《うきょう》区嵯峨に所在。奝然《ちょうねん》(九三八〜一〇一六)請来《しょうらい》の「三国《さんごく》伝来の釈迦像」が信仰を集めた。

▼**蔵俊**　一一〇四〜八〇。興福寺の学僧。巨勢《こせ》氏の出身。家柄が低いが学僧として注目され、一一五五(久寿《きゅうじゅ》二)年に維摩会《ゆいまえ》竪義《りゅうぎ》を遂業《すいごう》。さらに同講師《こうじ》をつとめ興福寺権別当《ごんのべっとう》に補任。多くの学僧を養成し、鎌倉初期の法相宗学僧はほとんどが蔵俊の門流だった。

目覚めたのである。善導《ぜんどう》▲の『観経疏《かんぎょうしょ》▲』を三度目に読んだこの時、どんな者でも称名念仏だけで極楽《ごくらく》往生できる、と確信したという。

遠い昔、阿弥陀仏《あみだぶつ》は法蔵菩薩《ほうぞうぼさつ》という名で修行に励んでいたが、ある時、四八の誓い（本願《ほんがん》）を立てた。そのうち一八番目の誓い（第十八願）では、「私の国（極楽浄土）に心から生まれたいと願い、わずか一〇回でも念仏をとなえる者がいたなら、その者をすべて極楽に往生させることが出来なければ、私は悟りを開かない」と誓約している。救済のパワーを身につけるまでは成仏《じょうぶつ》しないと誓い、そしてその後、法蔵菩薩は悟りを開いて阿弥陀仏となった。阿弥陀仏は約束どおり、救済のパワーを身につけたのだ。それゆえ、私たちが心から「南無《なむ》阿弥陀仏（私は阿弥陀仏を信じます）」と口にすれば、極楽に往生することができるはずだ。これが浄土思想の根幹である。

ただし阿弥陀仏は他にも誓いを立てたし、他の経典《きょうてん》の記述と矛盾するところもある。それらを総合的に考えて、極楽往生の条件が何なのかを考察したのが浄土教家である。そして善導は「称名は阿弥陀仏の第十八願（本願）に合致しているので、南無阿弥陀仏ととなえるだけで誰でも往生できる」と考えた。これ

▼**寛雅**　生没年未詳。源雅俊《まさとし》の子。鬼界ヶ島《きかいがしま》に流罪となった俊寛《しゅんかん》僧都《そうず》の父。仁和寺の木寺法印《きでらほういん》と号し、金剛勝院上座《こんごうしょういんじょうざ》や法勝寺《ほっしょうじ》修《しゅ》理《り》別当などを歴任。学僧というよりは、寺務畑の僧侶であった。

▼**景雅**　一一〇三〜八五。「慶雅」とも。源顕雅《あきまさ》の子。仁和寺華《け》厳院《ごんいん》の僧侶。晩年に明恵に華厳五《ご》教章《きょうしょう》を教授した。

▼**善導**　六一三〜六八一。中国唐《とう》代の浄土教思想家。道綽《どうしゃく》に師事して浄土教を学んだ。著書は『観経疏』『往生礼讃《らいさん》』『法事《ほうじ》讃』『般舟《はんじゅ》讃』『観念法門』。

▼**観経疏**　善導の著『観無量寿《かんむりょうじゅ》経疏《きょうしょ》』。全四巻。『四帖疏』とも。『観無量寿経』の注釈書。日本の浄土教に大きな影響をあたえた。

善導

源信

▼**源信**　九四二〜一〇一七。恵《え》心《しん》僧都と尊称。大和《やまと》出身の延暦寺僧。著書は『往生要集』『観心略要《かんじんりゃくよう》集《しゅう》』『一乗要決《いちじょうようけつ》』など。

▼**永観**　一〇三三〜一一一一。

を本願念仏説という。法然は四三歳のこの時、善導の正しさを確信したのだ。

仏教は本来、修行と修学によって自力《じりき》で悟りを開こうとするものだ。そのため、浄土教もその価値観でそまっていた。たとえば念仏には、(1)南無阿弥陀仏ととなえる称名念仏、(2)阿弥陀仏や極楽の姿をありありと思い浮かべる観想《かんそう》念仏、(3)仏の本質を理解する理観《りかん》念仏があり、称名よりも観想・理観のほうが価値が高いと考えられていた。法然は最終的にその価値観を逆転させるが、少なくとも回心の段階で法然は、称名念仏がそれらと引けをとるものではないことを確信したのだ。この体験は法然の思想展開において、非常に重要なものである。だが、回心の意義を過剰に強調することは控えるべきだろう。

第一に、法然はのちに選択《せんちゃく》《せんじゃく》本願念仏説を樹立して、善導の真意をさらに明確にした。「称名念仏は弥陀が選んだ唯一の往生行《ぎょう》であるので、念仏以外では往生できない」、これが法然の選択本願念仏説だ(石井一九六七、平一九九二)。この教えについてはのちに詳論するが、選択説は仏教の歴史を画すほどの意義をもっている。それに比べれば四三歳の回心は、選択本願念仏説への重要な一里塚であったが、これ自体はまだ善導の正しさを確信したというにとどまる。

しかも善導は、これまでも高く評価されてきた。源信《げんしん》▲の『往生要集』や永観《えいかん》▲の『往生拾因《じゅういん》』は善導の影響をうけているし（井上一九七五）、東密《とうみつ》の『覚禅鈔《かくぜんしょう》』は善導の『観経疏』を引用して、念仏を専修するよう勧めている。さきに紹介した「弥陀の誓《ちか》ひぞ頼もしき、十悪五逆《じゅうあくごぎゃく》の人なれど、一度《ひとたび》御名《みな》を称《とな》ふれば、来迎《らいごう》引接《いんじょう》疑はず」という『梁塵秘抄《りょうじんひしょう》』の歌や『中右記《ちゅうゆうき》』の記事も、善導の本願念仏説に依拠しているのは明らかだ。四三歳の回心で法然は、選択本願念仏説へと進む萌芽を手に入れたが、この段階ではまだ、広く認知されていた善導のすばらしさを法然自身が確信した、というにとどまる。

第二に、回心後の法然がすぐに、浄土教思想家として活動を始めたわけではない。法然のもとに弟子が入室するのは、回心から一五年以上たってからである。信空《しんくう》▲・感西《かんさい》▲は回心以前からの同宿《どうしゅく》▲かつ弟子であったが、回心後に門下となったのは証空《しょうくう》▲（一一九〇年）、熊谷直実《くまがいなおざね》▲（九三年）、源智《げんち》・大胡実秀《おおごのさねひで》（九五年）、弁長《べんちょう》（九七年）、幸西《こうさい》（九八年）、親鸞《しんらん》（一二〇一年）などである。回心から一五年後まで新規入室が確認できない。これは、回心後の法然がかなり長期のあいだ、浄土教家としての活動を行っていなかったことを物語っている。

東大寺三論宗の浄土教家。源国経《くにつね》の子。深観《しんかん》に師事し、三会已講《さんねいこう》をへて東大寺別当となり、伽藍《がらん》の修理につとめた。『往生拾因』を著わして称名念仏による往生を説いた。

▼**信空**　一一四六～一二二八。法蓮房《ほうれんぼう》。藤原顕時《あきとき》の孫で行隆《ゆきたか》の子。法然の古参の弟子。叡空の弟子となり、その没後、法然に師事して側近として活躍。その門下を白川門徒という。

▼**感西**　一一五三～一二〇〇。真観房。法然の古参の弟子。もともと法然とは光樹房《こうじゅぼう》の弟子仲間だった。『選択集』の撰述にも協力。

▼**同宿**　同じ師の弟子仲間。

▼**証空**　四一ページ頭注参照。

▼**熊谷直実**　一一四一～一二〇八。武蔵《むさし》国熊谷郷の御家人《ごけにん》。一《いち》の谷合戦《たにかっせん》などで活躍したが、所領《しょりょう》相論《そうろん》を機に出奔《しゅっぽん》。法然の弟子となった。法然の没後は証空に師事。粟生《あお》の光明寺《こうみょうじ》を建立《こんりゅう》したという。

▼洛西の広谷　詳細は不明。長《なが》岡京《おかきょう》市にある粟生の光明寺の後《うしろ》山《やま》がその地と推定されている。

▼白川本坊　「法然没後遺誡《ゆいかい》」は、信空に「白川本坊〈寝殿・雑舎〉」などを分与すると記述。この白川本坊は左京《さきょう》区黒谷《くろだに》町にある金戒《こんかい》光明寺の前身と考えられる。

金戒光明寺

ちなみに『法然上人行状絵図《しょうにんぎょうじょうえず》』巻六は、「回心後、法然はついに比叡山を出て洛西《らくせい》の広谷《ひろだに》▲に移り、ほどなく東山吉水《ひがしやまよしみず》の地に居を移した。そして、訪れる者があれば念仏を勧めた」と記し、まるで回心後の法然が比叡山から退去したかのように述べているが、これは適切ではない。理由は四つ。

(a)回心後も叡空は存命であり、その補佐が優先されたはずだ。叡空の財産を相続している以上、師の了解なく活動拠点を移すことはありえない。

(b)叡空は黒谷本坊《ほんぼう》だけでなく、京都に白川《しらかわ》本坊▲をもっており、法然は以前から叡空に付いて比叡山と京都を往還していたはずだ。

(c)洛西の広谷は、一一七七(治承《じしょう》元)年に死没した遊蓮房円照《ゆうれんぼうえんしょう》▲から譲られたものと思われ、広谷移転は少なくとも回心して二年以上あとのこととなる。

(d)吉水移転後も法然は黒谷本坊を所持し、比叡山と京都を往還▲していた。

そもそも、師の叡空は一一七九(治承三)年に死没し、法然が貴族《きぞく》社会で活動した初見記事は八一(同五)年の藤原邦綱《ふじわらのくにつな》の出家戒師である。このことからすれば、東山への移住は、叡空の死後、その活動を継承するためであったと考えるべきだろう。法然は叡空の没後(一一七九年以降)に拠点を吉水に移し、聖《ひじり》としての活動を本格化させたのである。

　では、法然が選択本願念仏説を樹立したのはいつなのか。残念ながら、よくわからない。一一九〇（文治《ぶんじ》六）年には成立しているが、樹立の時期を特定することができない。でも、もう少し絞り込んでみよう。ここで重要なのが一一八六年の大原《おおはら》問答である。延暦寺の顕真《けんしん》▲が法然を大原に招いて浄土教の学習会を開いた、これが大原問答だ。顕真は四年後に天台座主《てんだいざす》となるが、この時期は大原に隠棲して念仏生活を送っていた。一一八三（寿永《じゅえい》二）年、後白河院《ごしらかわいん》が源頼朝《よりとも》と手を結んだことを知った木曾義仲《きそよしなか》は、裏切りに怒って後白河院の御所《ごしょ》（法住《ほうじゅう》寺殿《じどの》）を襲撃した。この事件に巻き込まれて師の天台座主明雲《みょううん》▲が命を落としたため、顕真はそのショックで大原に籠居《ろうきょ》したのだ。そうしたなか、顕真は友人から法然の評判を聞き、直接会って話を聞いてみた。法然の考えの斬新さに驚いた顕真は、浄土教の文献を再確認したうえで、改めて法然を大原に招待して、極楽往生についての勉強会を開催した。これが大原問答である。

　大原問答はのちに、法然が並みいる顕密《けんみつ》の高僧を心服させたという話に伝説化されるが、実際はもっと小規模なものだった。(1)俊乗房重源《しゅんじょうぼうちょうげん》とその弟子、

▼円照　一一三九〜七七。叡空の檀越《だんおつ》藤原顕時《あきとき》の従兄弟かつ娘婿。藤原信西《しんぜい》の子で、平治の乱で出家。法然は円照の臨終善知識《ぜんちしき》をつとめた。「浄土の教えと円照に出会えたことが、この世の思い出だ」と法然が語っており、法然に強烈な印象を残した（伊藤一九八一）。

▼往還　「比叡山に来られる序《つい》でがあれば会いたい」との手紙で顕真が法然とはじめて面談。これは法然の叡山往還の傍証となる。

▼顕真　一一三〇〜九二。葉室《はむろ》顕隆《あきたか》の孫で、顕能《あきよし》の子。明雲の死で籠居したが、園城寺《おんじょうじ》との紛争の余波で天台座主に抜擢。

▼明雲　一一一五〜八三。久我《こが》顕通《あきみち》の子。最雲《さいうん》に入室して梶井門跡《かじいもんぜき》を相続し天台座主に。平清盛《たいらのきよもり》の出家戒師をつとめた。平氏と親密だったが都《みやこ》落ちに同行せず。法住寺《ほうじゅうじ》合戦に巻き込まれて死没。

⑵顕真とその門徒、⑶大原の念仏聖といったあたりが参会者であった。だが、ここでの成功は、法然の名を広く世の中に知らしめることとなった。

残念ながら、大原問答で法然が話した内容については信頼できる史料がない。そのため、法然がこの時に本願念仏説を説いたのか、それとも選択本願念仏説を披露したのか、定かでない。ただし顕真は法然について「智恵が深いが、少し偏執《へんしゅう》▲なところがある」と感想をもらしている。「偏執（考えがかたよっている）」は、選択本願念仏説に対してよく口にされた批判である（平一九九二）。そのことからすれば、大原問答の段階で法然は、選択本願念仏説に到達していたと考えてよかろう。そもそも善導のことはよく知られており、法然が単なる善導の信奉者であれば、わざわざ法然の話を聞こうとはしなかっただろう。

しかも四年後の一一九〇（文治六）年の春、法然は重源▲の要請により、つくりかけの東大寺《とうだいじ》大仏殿《だいぶつでん》の軒下で浄土三部経の講演を行った。この東大寺講説《こうせつ》▲の記録が残っており、これが選択本願念仏説の史料的初見である。重源は自分が聴聞した法然の独創的な教えを、みんなにも聞かせようと考えたのだ。以上から、大原問答の段階で法然は選択本願念仏説を樹立していた、と結論できるだろう。

▼**偏執**　『一期物語《いちごものがたり》』によれば「法然房は智恵深遠と雖《いえど》も聊《いささ》か偏執の失あり」と顕真が評したという。また「諸行往生を認めたとしても、念仏往生の妨げにはならない。一向専念《いっこう》にこだわるのは偏執の考えだ」と法然が批判された記事も掲載。諸行往生の否定が偏執と批判されたことを示す。

▼**重源**　一一二一〜一二〇六。俊乗房、南無阿弥陀仏と号した。醍醐寺《だいごじ》で出家し、入宋《にっそう》して一一六八（仁安《にんあん》三）年に帰国。一一八〇（治承四）年の東大寺焼打ちにより、翌年、東大寺大勧進職《だいかんじんしき》に就任。一二〇三（建仁《けんにん》三）年の総供養《くよう》まで大仏と東大寺の再建に従事した。法然とは友人関係であった。

▼**東大寺講説**　法然が東大寺で行った講演記録『無量寿経釈《きょうしゃく》』『観無量寿経釈』『阿弥陀経釈』の総称。選択本願念仏説の初見。

重源

東大寺大仏殿で講説する法然(『法然上人行状絵図』巻三〇)

そして、その独創性は大きな反響を呼んだ。

大原問答から三年後の一一八九(文治五)年八月一日、九条兼実《くじょうかねざね》が法然を自邸に招いた。「法文(門)を談じ、語らい往生業《ごう》に及ぶ」(『玉葉《ぎょくよう》』)とあるように、二人は浄土教や極楽往生の行《ぎょう》について話をしている。当時の兼実は後鳥羽《ごとば》天皇の摂《せっ》政《しょう》であった。こうした政界の要人から招かれて浄土教を説いたということは、法然の名声が貴族社会の頂点まで届いたことを示している。そして、八月八日に九条兼実は法然から受戒《じゅかい》し、このあと、兼実とその家族は法然から頻繁に受戒するようになる。つまり九条兼実は、まず浄土教思想家としての法然に関心をもち、そこから聖としての法然に信頼を寄せるようになった。

これまでの法然は、叡空の跡を継ぐ形で活動してきた。それが今や、浄土教家としての名声が、聖としての評価を上回るようになった。もちろん、法然はこののちも聖の活動を維持している。浄土教家の評判が聖としての名声を高め、さらに聖の活動が浄土教思想家としての法然の声望を高めることになった。

こうして一一九〇年ごろから、法然のもとに多くの弟子が続々と集まるようになる。信空・感西・源智といった常随の弟子のほか、行空《ぎょうくう》・幸西《こうさい》・親鸞・証空・弁長・長西《ちょうさい》▲などの俊英や、安楽《あんらく》・住蓮《じゅうれん》・空《くう》阿弥陀仏・湛空《たんくう》▲・念仏房といった個性的な念仏聖が入門し、直弟子だけで一九〇人という教団に成長した。ただし教団とはいっても、それぞれが法然との信頼関係でつながったゆるやかな組織であり、教団というよりは集団といったほうが実態に近い。

また、延暦寺の聖覚《せいかく》・隆寛《りゅうかん》や園城寺《おんじょうじ》の公胤《こういん》▲、東国走湯山《とうごくそうとうざん》の源延《げんえん》▲のように、法然に心酔する顕密僧もあいついだ。貴族の信徒には九条兼実のほか、大宮《おおみやの》実宗《さねむね》・藤原隆信《ふじわらのたかのぶ》▲・藤原範光《のりみつ》▲・藤原知資《ともすけ》・平基親《たいらのもとちか》などがいる。武士では熊谷直実・津戸為守《つのとのためもり》・大胡実秀などの御家人《ごけにん》が信者となったし、女性では北条政《ほうじょうまさ》子《こ》・大胡実秀妻・九条兼実正室・正如房《しょうにょぼう》(式子内親王《しきしないしんのう》)▲に宛てた法然消息《しょうそく》が残っている。

さらに「北陸・東海など▲の諸国では、専修念仏がとくに盛んだ」といわれており、地域社会にも急速に浸透していった。のちに源智は、法然一周忌のために阿弥陀像の造立《ぞうりゅう》を計画するが、わずか一年たらずの間に、北陸から東北の蝦夷《えぞ》の地まで含め、五万人近くの結縁者《けちえん》を集めている(平一九九四)。その行動力とネットワークの広がりは目を見張るものがある。

▼**長西**　一一八四～?。覚明《かくみょう》房《ぼう》、藤原国明《くにあき》の子。一九歳で法然のもとで出家。その没後は俊芿・覚瑜《かくゆ》・道元に師事した。諸行本願義をとなえ京都九品寺《くほんじ》を拠点に活動。弟子の道教《どうきょう》は鎌倉で活躍した。

▼**湛空**　一一七六～一二五三。徳大寺《とくだいじ》実能《さねよし》の孫で延暦寺円実《えんじつ》の子。正信房《しょうしんぼう》。天台座主実全《じつぜん》に師事したが、遁世して法然門下となり円頓戒を相承。二尊院《にそんいん》に住した。一二三三(貞永《じょうえい》二)年に法然の遺骨を分骨し二尊院宝塔《ほうとう》に安置。

▼**公胤**　一一四五～一二一六。源雅俊の孫で、憲俊《のりとし》の子。一二〇五(元久《げんきゅう》二)年園城寺長吏《ちょうり》に就任。幕府の信頼が厚く鶴岡《つるがおか》別当公暁《くぎょう》(源頼家《よりいえ》の子)の師。道元に栄西を訪れるよう勧め、法然とも交流。

▼**源延**　一一五六～?。加藤景員《かとうかげかず》の子。延暦寺で学び、幕府直轄の伊豆《いず》走湯山の貫首《かんず》となる。法然から『浄土宗略要文《りゃくようぶん》』を授与。

▼**藤原隆信**　一一四二〜一二〇五。藤原為経《ためつね》の子で、信実《のぶざね》の父。似絵《にせえ》の名手。九条兼実に仕えて法然に帰依《きえ》。九条院《くじょういん》(近衛《このえ》天皇 中宮《ちゅうぐう》)との間に生まれた娘(二条院姫宮)は、のちに空阿弥陀仏の信徒の中心となった。

▼**藤原範光**　一一五四〜一二一三。範兼《のりかね》の子。後鳥羽の乳母《めのと》である範子《はんし》と卿二位《きょうにい》兼子《けんし》は彼の姉妹。後鳥羽院の側近として活躍。親鸞流罪《るざい》中の越後《えちご》の知行国主《ちぎょうこくしゅ》。聖覚と親しく法然の信者になった。

▼**式子内親王**　一一四九〜一二〇一。後白河院の皇女、賀茂斎院《かもさいいん》。弟の仁和寺御室《おむろ》道法《どうほう》から十八道を受けるなど、仏教の関心が深い。

▼**北陸・東海など**　「洛辺近国《らくへんきんごく》はなお以て尋常なるも、北陸東海等の諸国に至っては、専修の僧尼が盛んにこの旨を以てす」(『興福寺奏状《そうじょう》』)とある。

『選択本願念仏集』

一一九八(建久《けんきゅう》九)年、法然が体調をくずしたのを知った九条兼実は、その教えをまとめるよう要請した。こうして『選択本願念仏集』が誕生した。

　念仏は簡単だから誰でも行うことができるが、それ以外の行《ぎょう》はむずかしく、誰もが行えるわけではない。そこで阿弥陀仏はすべての人びとを救済するために、難行ではなく簡単な行を採用して極楽往生の条件とされた。もしも、造像起塔《ぞうぞうきとう》を往生の条件にすれば、貧しい者は往生を諦めてしまう。しかし現実には富める者は少なく、貧しい人がたいへん多い。智恵を条件にすれば、おろかな人びとは往生を諦めてしまう。しかし才智の人は少なく、おろかな者がたいへん多い。そこで阿弥陀仏はすべての人びとを平等に救済したいとの慈悲《じひ》の心から、造像起塔などの諸行を極楽往生の条件にせず、南無阿弥陀仏だけを条件とされたのだ。(『選択本願念仏集』第三章)

法然の『選択集』の核心だ。すべての人をあまねく救済するため、阿弥陀仏は、誰でも可能な南無阿弥陀仏を極楽往生の唯一の条件に選んだ、と述べている。これが弥陀の慈悲の精神《こころ》だと法然は語っているが、ここでいう弥陀の慈悲とは、法然自身の想いでもある。貧しい人、おろかな者、劣った人……、ともすれば社会から見捨てられがちな人びとへの、あたたかな眼差しが印象的だ。こうした人たちへの共感の想いが、法然を独創的な思想家に成長させたのだ。

教理面で画期的なのは選ぶ主体の転換だ。これまでも念仏は選ばれ、専修《せんじゅ》されてきた。しかし、それを選んだのは人間であった。多くの行から、自分に適した行を選んだ。念仏であれ、坐禅《ざぜん》であれ、何を選んだとしても、それはあくまでその人限りの選択であって、別の人には別の選択がありえた。

ところが法然の場合、念仏を選んだのは人ではない。阿弥陀仏だ。とすれば、阿弥陀の浄土に往生を望む者は、弥陀が選んだ念仏以外に選択肢がなくなる。念仏を専修する以外に道がなくなった。つまり極楽往生のためには称名念仏がすべてであって、それ以外の行はゼロ価値となる。人間が選ぶ相対的な世界から、仏が選んだ絶対的な世界への転換、これが選択本願念仏説だ。これにより、仏教をめぐる価値観は正反対といってよいほど劇的な変容をとげることになる。そして法然は『選択本願念仏集』▲で、浄土三部経▲をもとにこの考えの正しさを論証し、さらに浄土宗を立てることで選択本願念仏説を唯一の真の浄土教と主張

▼**『選択本願念仏集』**　法然の著。一六章からなり、称名念仏が阿弥陀仏によって選択された唯一の往生行であることを浄土三部経をもとに論証。秘書とされ、法然門下でも一部の弟子だけに伝授された。法然の没後に開板されたが、嘉禄《かろく》の法難《ほうなん》（一二二七年）で禁書となり版木などが焼却された。「選択」は浄土宗は「せんちゃく」、浄土真宗は「せんじゃく」と読む。

▼**浄土三部経**　『無量寿《むりょうじゅ》経』『観《かん》無量寿経』『阿弥陀経』の三経典。法然の達成をふまえ、幸西・証空・親鸞らはさらに浄土三部経だけでなく、一切経《いっさいきょう》をもとに念仏信心が真の仏法であることを論証しようとした。

『選択本願念仏集』の撰述　口述する法然(左)とそれを筆録する弟子(『法然上人行状絵図』巻11)。

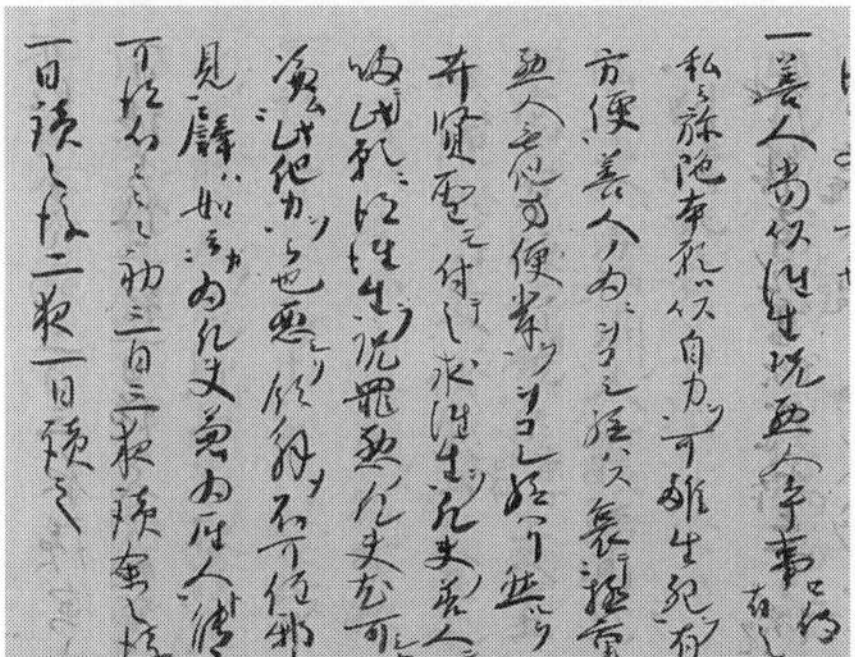

「三心料簡および御法語」「善人尚以往生，況悪人乎事」の法然の発言が冒頭に見え，そのあとに源智が解説を付している。この言葉を源智や『口伝抄《くでんしょう》』のように悪人正機説で解することもできるし，『歎異抄』のように悪人正因説で捉えることも可能(２ページ頭注参照)。法然の考えがいずれであったかは，検討を要する。

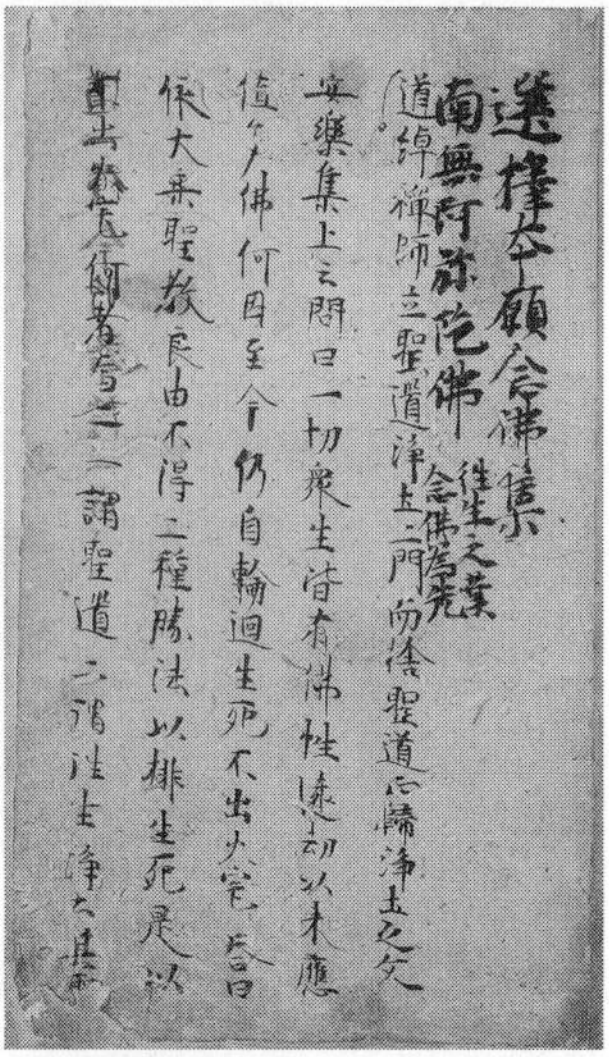

『選択本願念仏集』　冒頭の２行が法然の筆。嘉禄の法難(1227年)での焚書をまぬがれた。

した。

選択本願念仏説の登場によって、第一に念仏のあり方が変化した。「助《すけ》ささぬ念仏(助けの不要な念仏)」である(石井一九六七)。これまでの浄土教では、称名念仏は功徳が劣り価値が低いと考えられていた。そのため、念仏だけでなく持《じ》戒《かい》・慈悲・智恵をはじめ、さまざまな善行を補助として付け加えた。助業《じょごう》▲も必要とされた。しかし阿弥陀仏が極楽往生の条件として、南無阿弥陀仏だけを選んだということになれば、称名以外の一切が不要となる。念仏以外のすべては往生行としてゼロ価値なので、智恵のある者の念仏と、無智の念仏が同じ価値ということになるし、持戒の念仏と破戒《はかい》の念仏もイコールになる。

さらに法然は、「もとのままの念仏」を提唱する。

念仏は生まれつき▲のままで、となえなさい。善人は善人のまま、悪人は悪人のまま、もとのままでとなえなさい。念仏を信じるようになったからといって、持戒や破戒を気にするのでなく、ただ本来の自分のままで、となえなさい。(「三心料簡《さんじんりょうけん》および御法語《ごほうご》」)

極楽往生のためには、念仏以外のことは不要なので、これまでの生活を改める

▼助業　正定業《しょうじょうごう》の対義語。善導『観経疏』は、極楽往生のための正しい行を正行《しょうぎょう》と呼び、それ以外を雑行《ぞうぎょう》とした。そして称名・読《どく》誦《じゅ》・観察《かんざつ》・礼拝《らいはい》・讃嘆《さんだん》供養の五つの正行のうち、中心となる称名念仏を正定業と呼び、他の四つを助業とした。

▼念仏は生まれつき　原文は「念仏申さんは、ただ生まれ付のままにて申すべし。善人は善人ながら、悪人は悪人ながら、本のままにて申すべし。この念仏に入るの故に、始めて持戒・破戒なにくれと云《い》うべからず。ただ本体ありのままにて申すべし」。

▼念仏をとなえる時　原文は「源空が念仏申すも、一文不通の男女に斉《ひと》しくして申すぞ。まったく年来修学したる智恵をば、一分も憑《たの》まざるなり」。

殺生の取締りと逃げる漁民（『石山寺縁起』）

必要はまったくない。漁師は漁師のままでよいし、遊女は遊女のままでよい。今までどおりの生活でよいわけだ。もちろん、私たちは人間社会で生きている。人間の倫理として、善いことをするのが望ましいのは、いうまでもない。親孝行はするのが望ましいし、困っている人がいれば、できる範囲で助けてあげればよい。だが、そのことと、極楽往生はまったく別だ。極楽往生の条件は南無阿弥陀仏だけだ、と法然は主張した。

ちなみに法然は、戒律が往生行でないと断じたが、みずからは持戒を生涯貫いている。だが、「もとのままの念仏」を念頭におけば、両者の関係は容易に理解できよう。「私は念仏をとなえる時は、長年修学した智恵を一分も頼まず、何も知らない人と同じ気持ちになって念仏している」と法然は述べている（「三心料簡および御法語」）。これまで法然は修学と持戒の生活を送ってきた。そのため、もとのままで念仏をとなえているが、極楽往生のためにはそれらを一切頼まず、無智・破戒の人と同じ身になり、彼らを手本として念仏をとなえた。

第二に、念仏や専修の意味も変化した。さきに述べたように、法然は念仏の選択主体を人から弥陀に転換した。となれば、私たちが念仏を専修することは、念仏だけを往生行に選んだ阿弥陀仏に対する信順《しんじゅん》の表明ともなる。つまり念仏は、行であると同時に、信心《しんじん》の表明という二重性を孕《はら》むようになった。

同じことは専修についてもいえる。初心者があれこれ手を広げると混乱する。そこで一つの行を選んでそれを集中的に修する、これが専修の本来の意味だ。ところが法然は「余行《よぎょう》はやろうと思えば出来るけれども、やるまいと断念するのが専修心だ。余行はすばらしいが、私には無理なので出来ないというのは、余行を修さなくても雑行心《ぞうぎょうしん》だ」（「三心料簡および御法語」）と述べている。前者も後者も念仏だけを修しているので、双方とも専修のはずだ。ところが法然は後者を専修ではない、と断じている。法然は「専修」という言葉を本来の意味で使用していない。「専修心」「雑行心」は正しい信心、あやまった信心の意で使用されている。選ぶ主体の転換が、念仏や専修の意味を変化させたのだ。

そして、この「行であると同時に信心の表明でもあるという二重性」、ここに法然独特の立ち位置がある。法然の弟子のうち、弁長は念仏行の専修に力点をおき、親鸞・証空は信心に力点をおくことになるが、この二重性ゆえに法然は彼らすべての母胎となった。

▼**余行は**　原文は「余行はしつべけれども、せずと思うは専修心なり。余行目出《めで》たけれども、身にかなはねば、えせずと思うは、修せねども雑行心なり」。なお、無《む》住《じゅう》は専修念仏が「専修」の語を誤解していると非難した（『沙石集《しゃせきしゅう》』六―一〇）。

▼**雑行心**　本来、雑行は正行の対義語。自力で悟りを開くための聖道門《しょうどうもん》の行を浄土門に転用したもの。本史料は雑行についての独特の用例である。

▼**弁長**　一一六二〜一二三八。聖光房《しょうこうぼう》。延暦寺で証真《しょうしん》に師事して天台宗を学び、のち法然の弟子となった。一二〇四（元久元）年に九州に戻り、多くの寺を創建。諸行は本願でないが、諸行での往生も可と主張。九州を中心に布教したので、この門下を鎮西《ちんぜい》派と呼ぶ。この門流が現在の浄土宗に連なる。著書に『浄土宗要集』など。

弁長

▼**証空**　一一七七〜一二四七。浄土宗西山《せいざん》派《は》の祖。善恵房《ぜんねぼう》。源親《ちか》季《すえ》の子で、土御門《つちみかど》通親《みちちか》の猶子《ゆうし》。法然の弟子となり『選択集』の撰述に参画。のち慈円《じえん》から譲られた西山往生院（三鈷寺《さんこじ》）に移り『観門要義《かんもんようぎ》鈔《しょう》』などを著わす。他力《たりき》の念仏を白木にたとえた白木の念仏を勧めた。建永《けんえい》・嘉禄の法難（一二〇七年・一二二七年）に連座したが、流罪をまぬがれた。慈円の臨終善知識をつとめたほか、九条道家《みちいえ》や後嵯《ごさ》峨院《がいん》に授戒。多くの弟子を育て、鎌倉時代後期には西山派が京都でおおいに発展した。

法然の人間観

法然の思想を人間観という側面から、もう少し掘りさげてみよう。法然の人間観は少し複雑で、(a)善人論と(b)愚者論の二つからなっている。

まず、(a)法然は自分たちを善人と考えた。この善人論はしばしば誤解され、親鸞の悪人思想と比べると、「悪人の自覚がたりない。不徹底だ」とコメントされることが多かった。そうした評価をくつがえしたのが河田光夫氏の研究である。氏は、法然の善人論の独特の意味を明らかにした（河田一九九五）。

院政《いんせい》時代から仏教の教えが民衆の世界に浸透するようになるが、そこでの教えの中心は殺生罪業《せっしょうざいごう》観であった。「生き物を殺すのはよくない。地獄に堕《お》ちる罪業だ」。当り前の教えのようにも思えるが、問題は殺生の中身だ。当時の史料を見ていると、狩猟・漁労や養蚕《ようさん》が殺生とされただけでなく、農耕や山林伐採・炭焼きまで殺生にされている。なぜ農耕が殺生なのかというと、「田畠を耕せば虫が死ぬ。だから殺生だ」というのだ。しかし狩猟・漁労・農耕や山林伐採まで殺生だということは、これは「労働が罪だ」ということに他ならない。つまり殺生罪業観は、日本中世では労働罪業説として機能した。「人間は労働することによって罪をえる。だから、寺社に結縁奉仕してその罪を贖《あがな》わないといけない」、これが顕密仏教の教えであった。

それに対し法然は、「あなた方には罪がない▲。皆さんは善人だ」と言い放った。「あなた方は自分が罪深いと考えているが、実際に何をしたのか。親を殺したか、仏を傷つけたか、何もしていないではないか。謂《いわ》れのない罪意識に悩む必要はない」。そう述べ「末法《まっぽう》万年後▲の人びとと比べたなら、今の皆さんは仏のような存在だ」、そう断じて、不当な罪意識から人びとの心を解き放った。労働罪業説を否定することで、法然は謂れのない呪縛から、民衆の心を解放したのだ。一方、親鸞は「すべての人間は悪人たらざるをえない」という絶対的悪人観によって労働罪業説を否定した。誰もが根源的に悪人であるなら、狩猟や漁労といった職業がとくに罪になるわけではないし、恥じる必要もない。議論の組み立て方が異なるが、二人は同じ方向をめざしていた。

つぎに、(b)愚者論に移ろう。法然は念仏を絶対化し、それ以外の諸行《しょぎょう》をゼロ価値としたが、顕密仏教はこれに激しく反発した。顕密仏教は人間を多種多様な存在と考えている。「この世にはいろいろな人がおり、人びとの好みや縁も、

▼**罪がない**　原文は「五逆十悪の重き罪つくりたる悪人、なを十声一声の念仏によりて往生をし候はむに、まして罪つくらせおはします御事は、何事にかは候べき。たとひ候べきにても、いく程の事かは候べき。この経に説かれて候罪人には言ひ比《くら》ぶべくやは候」（「しやう如ばうへつかはす御文《おふみ》」）。

▼**末法万年後**　原文は「彼《か》の三宝滅尽の時の念仏者、当時のわ御坊たちと比ぶれば、わ御坊たちは仏の如し」（「十二問答」）。末法の世は仏教の教えがまだ残っているが、一万年後にはその教えすらなくなる法滅の時代を迎え、人間の質もいっそう低下すると考えられた。

▼**明恵**　一一七三〜一二三二。諱《いみな》は高弁《こうべん》。紀伊《きい》国有田《ありた》郡の武士の出身。父は平重国《しげくに》、母は湯浅宗重《ゆあさむねしげ》の娘。八歳で両親を亡くし母方の叔父行慈《ぎょうじ》の弟子となり神護寺《じんごじ》で修学。一一八八（文治四）年に出

能力も多様だ。そうである以上、神や仏は多様でなければならないし、人びとを救済する行《ぎょう》も多様であるべきだ。そうしてはじめて多種多様な人びとを、あまねく救済することができる」。このように、顕密仏教は行の多様性を不可欠と考えた。念仏に一元化した法然に反発するのは当然だ。どちらがよい、どちらが悪いというのではなく、ここには世界観の根本的な対立がある。

そして顕密仏教は、念仏に固執した法然の「偏執」が仏法を滅ぼす、と考えた。さらに明恵▲は次のように法然を批判する。

称名一行《いちぎょう》は劣根《れっこん》一類のために授くるところ也。汝《なんじ》、何ぞ天下の諸人を以《もっ》て、皆《みな》下劣の根機《こんき》となすや。無礼の至り、称計《しょうけい》すべからず。(『摧邪輪《ざいじゃりん》▲』)

仏教の行は数多いが、そのなかで称名念仏はもっともレベルが低い。なぜ、このような行が存在するかというと、私たちの世界にレベルの低い劣った者がいるからだ。こうした「劣根」を救済するために、南無阿弥陀仏がある。ところが法然は、称名念仏以外では往生できないと主張している。彼の言い分に従えば、この世に生きている者はすべて「劣根」=「下劣の根機」ということになってしまう。なんという無礼な発言か、と明恵《みょうえ》は憤慨している。

家・受戒するが、顕密僧の実態に失望して九五(建久六)年に遁世。のちに後鳥羽院の帰依を受けて高《こう》山寺《ざんじ》を開創した。生涯、不犯を貫き「あるべきやうわ」(人としてのあるべき姿)を追い求めた。

▼**『摧邪輪』**　明恵の著。一二一二(建暦《けんりゃく》二)年十一月に著わす。全三巻。「邪輪(よこしまな教説)を摧《くだ》く」の意。菩提《ぼだい》心を否定する失《しつ》と、聖道門を群賊に喩える失を中心に『選択本願念仏集』を批判。法然を「悪魔の使い」と断じた。

「明恵上人樹上《じゅじょう》坐禅図」

東山吉水で説法する法然(『法然上人行状絵図』巻六)

▼**機根**　衆生《しゅじょう》の宗教的能力。その能力の低い者が「劣根」「下劣の根機」。

しかし明恵のこの批判は、逆に法然の意図をみごとに探りあてている。そう、法然は、この世のすべての人びとが平等に愚者であり、平等に「劣根」だ、と主張したのだ。この世のすべての者が「劣根」であれば、往生行は「称名一行」だけで十分だ。いや、その平等性を自覚させるには、往生行はむしろ「称名一行」だけに限定されなければならない。

私たちは表面的には多種多様に見えるが、本質的には人はすべて愚者だ、と法然は考えた。つまり彼は現世の平等を主張している。機根《きこん》▲の平等、人間の資質の平等を主張した。もっとも低劣とみなされているものに救済手段を一元化すれば、現世の平等を主張することができる、法然はこのことを発見した。法然の独創性の根幹がここにある。

私たち人間はたしかに多種多様だ。頭のよい者もいれば、そうでない人もいるし、真面目に努力する者もいれば、ちゃらんぽらんな人もいる。でも、阿弥陀仏の智恵の深さや、その真面目さに比べたなら、人間の智恵や能力の違いなど、たかが知れている。五十歩百歩だ。そして、阿弥陀仏が偉大であればあるほど、人間の能力差はどんどん小さくなり、やがて見えなくなる。こうして、

「すべての人間が平等に愚者だ」という、法然の思想が誕生した。「誰もが平等に悪人だ」という親鸞の考えは、これを継承したものである。

そしてこの愚者論を起点に、あらたに「信の仏教」が立ち上がってくる。これまでの仏教は「知の仏教」であり、「行の仏教」であった。知識や修行・善行を積み重ねることで悟りをめざした。それに対し法然は、「信の仏教」の世界を切り開いた。信心の深さは、認識や修行の高みを超越し、功徳の積重ねを凌駕《りょうが》する、と法然は考えた。智恵や修行をきわめたり、造寺造仏などの功徳を積むことは、特権的な一部の者にしか許されない。でも、深い信心をもつことは誰でも可能だ。しかも無知な人ほど、愚直に信じやすい。深い信心を獲得することができる。貧しく劣った人の信心の深みは、苦修練行《くしゅうれんぎょう》の高僧や造寺造仏の貴族の宗教的境地を越えている、法然はそう考えた。

知識や修行によって高みをめざす「知の仏教」「行の仏教」に対し、法然は、知識や行を放棄することで信心の深みをめざす「信の仏教」を提起した。「浄土門は▲愚痴《ぐち》に還《かえ》って極楽に往生する。……浄土門では智恵や戒律に頼らず、どうしようもない無智の身となって弥陀を頼んで往生を願う」「浄土宗は悪人を手本と

▼**浄土門は**　原文は「およそ聖道門は智恵をきわめて生死《しょうじ》を離る。浄土門は愚痴に還りて極楽に生まる。所以《ゆえん》は聖道門に趣《おもむ》くの時は、智恵を瑩《みが》き禁戒を守り、心性を浄《きよ》むるを以て宗《むね》となす。しかるに、浄土門に入るの日は、智恵を憑《たの》まず、戒行をも護《まも》らず、心器をも調《ととの》えず、只《ただ》ただ甲斐《かい》なき無智者になりて、本願を憑み往生を願うなり」。

して善人まで救済する」(「三心料簡および御法語」)との発言はそれを示している。信心の深い悪人▲が信仰の手本となるのだ。この「信の仏教」を最初に提起したのが法然であり、その点で法然は仏教の歴史のなかで画期的な人物である。貧しい者、劣った人たちへの共感の想いが、法然を独創的な思想家に変貌させた。

さて、諸史料によれば、『選択本願念仏集』を執筆している頃、法然はいくつかの神秘体験をしている。自然に三昧発得《さんまいほっとく》▲が成就したし、夢のなかで善導と対面▲した。これを荒唐無稽な作り話と考える研究者もいるが(田村一九七二)、それは近代的な解釈にすぎるだろう。法然は『選択集』の末尾で、善導の神秘体験に言及している。善導が『観経疏』を執筆していた時、夜ごと僧侶があらわれて浄土教の奥義《おうぎ》を教授したという。法然はつねづね「偏依《へんね》善導」と語って、自分の考えはすべて善導の教えそのものだと述懐している。善導は法然にとって、もっとも重要な先達《せんだつ》であった。その法然が『選択集』で、善導の神秘体験に関心を寄せている。このことからすれば、法然の神秘体験も作り話と考える必要はあるまい。みずからの主張に自信はあっても、本当にこれが正しいのかという一抹の不安が残っていたはずだ。その不安を払拭させ、専修念仏の教えが弥陀の

▼**信心の深い悪人**　ここから悪人正因説へはほんの一歩である。

▼**三昧発得**　『三昧発得記』によれば、一一九八(建久九)年正月、念仏をとなえていると「明相《みょうそう》」があらわれ「水想《すいそう》観」が「自然」に成就し、その後も地想《ちそう》観・宝樹《ほうじゅ》観などの観想を成就したという。法然は観想念仏を否定したが、ここでの観想は法然が念仏をとなえているうちに「自然」に成就したもの。自力の観想念仏とは根本的に異なる。

▼**夢のなかで善導と対面**　一一九八(建久九)年五月の『夢《む》感《かん》聖相《しょうそう》記《き》』によれば、夢のなかで法然が半金色の善導と対面。「専修念仏の人はみな往生を得るや」と法然が質問したという。

真意に合致することを法然に確信させたのが、これらの神秘体験であった。

以上、法然の思想について考察した。そしてその独創性の原基が、貧しく劣った人びとに対する共感にあった、と述べてきた。しかし、法然を法然たらしめたのには、もう一つ別の要因がある。時代的要因だ。そこでつぎに、法然を誕生させた時代背景について考えてみよう。

鎌倉時代の仏教革新

鎌倉《かまくら》時代には法然・親鸞だけでなく、道元《どうげん》・日蓮《にちれん》・栄西《えいさい》・貞慶《じょうけい》・明恵・俊《しゅん》芿《じょう》▲・叡尊《えいそん》▲・忍性《にんしょう》など、個性的で魅力的な数多くの思想家が登場した。その原因は何だろうか。鎌倉新仏教史観では、旧仏教（顕密仏教）の腐敗・堕落を根拠としてあげた。しかし、古代仏教は十世紀より中世仏教へと自己変革をとげていたし、院政期には顕密仏教が最盛期を迎えている。顕密仏教の中世的発展と、その腐敗・堕落論はうまく整合性がとれない。しかも、経典研究の充実によって優れた仏教学者を輩出したし、技術や知識の発展を貪欲《どんよく》に取り込んで、今や顕密仏教は中世文化の頂点に君臨している。こうした点を無視して、腐敗・堕

▼俊芿　一一六六～一二二七。捨て子のため不可棄《ふかき》と号した。入宋して禅律を学び、一二一一（建暦元）年に帰国。泉涌寺《せんにゅうじ》を創建して律を中心とする天台・真言・禅・浄土の四《し》宗兼学《しゅうけんがく》の道場とした。

▼叡尊　一二〇一～九〇。西大寺《さいだいじ》流の律僧、諡号《しごう》は興正《こうしょう》菩薩。醍醐寺で出家。一二三六（嘉禎《かてい》二）年に覚盛《かくじょう》らと自誓受戒して戒律興隆に尽力。公武《こうぶ》の帰依をうけた。弟子の忍性《にんしょう》は鎌倉極楽寺《ごくらくじ》で活動。

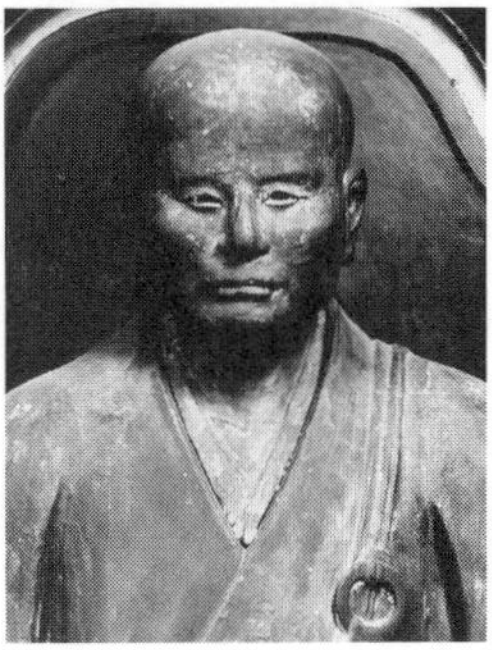
俊芿

叡尊

▼**治承・寿永の内乱**　一一八〇(治承四)年から八五(寿永四)年にいたる未曾有の全国的な戦乱。一一八〇年五月の以仁王《もちひとおう》の挙兵に始まり、八五年三月の平氏《へいし》の滅亡で幕を閉じた。

▼**東大寺の大仏**　一一八〇(治承四)年十二月の南都《なんと》焼打ちにより東大寺大仏が焼亡。それを知った九条兼実は「天を仰ぎて泣く、地に伏して哭《こく》す。数行の紅涙を拭い、五内《ごだい》の丹心を摧《くだ》く。言いても余りあり、記しても益なし」(『玉葉』治承四年十二月二十九日条)となげいた。

落の一言で顕密仏教を葬り去るのは、あまりにも無理がすぎよう。

それに対し私は、外部要因説を提起したい。これまでの研究は仏教革新の原因を、仏教界の内部に求めて無理な議論を重ねてきた。しかし現実には内部要因説＝腐敗・堕落論は破綻している。一方、苛酷《かこく》な戦争体験や大震災のような悲惨な体験は、しばしば私たちに生きることの意味を根源的に問い直させる。鎌倉時代の仏教革新もこうした外部要因によって生じた、と考えるべきではないか。では、具体的にそれは何か。治承・寿永の内乱▲である。

保元《ほうげん》の乱や平治《へいじ》の乱といったこれまでの戦乱は、職業軍人同士の戦争であり、局所的で規模も小さかった。ところが治承・寿永の内乱は、軍隊の規模が数十倍にふくれあがった。戦乱の爪痕は全国におよび、戦争に動員された民衆も深刻な被害を受けている。『平家《へいけ》物語』が国民的文学になったのは、この戦乱が国民的体験であったからだ。しかもこの内乱は、顕密仏教の最盛期に起きた。

これまで朝廷《ちょうてい》は、平和の実現のために、莫大な財力を傾注して仏教を振興してきた。しかし、実際には鎮護《ちんご》国家の祈りに何の効果もなかった。それだけではない。鎮護国家の象徴ともいうべき東大寺の大仏▲が焼け落ちている。これは仏法が戦争に敗れたことを意味した。仏法は戦乱のなかで、その無力さ▲をさらけだしたのだ。「これまでの仏法興隆はどこかが間違っていた。それは何か」。治承・寿永の内乱は深刻な反省を突きつけた。

それに対する回答は二つに分かれた。穏健派と急進派である。穏健改革派の人びとは、僧侶のあり方に問題があったと考えた。「鎮護国家の祈りに効き目がなかったのは、僧侶が戒律を守っていないからだ。破戒僧の祈りに神仏が応えようはずがない」、そう考えた人びとは戒律の興隆に向かった。貞慶は法相宗と戒律、明恵は華厳宗と戒律、栄西は禅と戒律、俊芿は天台・真言《しんごん》と戒律、そして叡尊は真言宗と戒律を打ち出した。彼らはいずれも禁欲を貫き、厳しく戒律を守ることによって、仏教を再生させようとした。そして、朝廷や幕府《ばくふ》はこの運動を積極的に支援した。鎌倉時代の革新運動の中心は、むしろこの穏健派にあった。

一方、急進派の思想家たちは、これまでの仏法に問題があると考えた。そして、仏教の教えを広く深く、その根本から見つめなおして、あるべき仏法の姿を探し求めた。法然・親鸞・道元▲・日蓮▲がそうである。

▼**無力さ**　内乱期の表白《ひょうびゃく》は「関東の賊徒は……君の敵《かたき》なるのみならず、既に仏の敵なり。人の怨《あだ》なるのみならず、即ち神の怨なり。神天龍は何ぞ天罰を遅くするや。神道は何ぞ神力を秘するや。去《いぬ》る秋より以来《このかた》、人の歎き、人の憂《うれ》いは朝《ちょう》に盈《み》ち野に盈てり。何為《いかんせん》々々」「西に闘《たたか》い東に闘いて罪業は多く積み災蘖《さいびゃく》は止むことなし。祈りても功験《くげん》なく、歎きても甲斐なし」（『転法輪鈔《てんぽうりんしょう》』）と、その無力さをなげいている。

▼**道元**　一二〇〇～五三。土御《つちみ》門通具《かどみちとも》の子。日本曹洞《そうとう》宗の祖とされる。一二二三（貞応二）年に入宋して天童如浄《てんどうにょじょう》より嗣法《しほう》。京都深草に興聖寺《こうしょうじ》を開いたが、一二四三（寛元元）年に京都を追われ、越前《えちぜん》永平寺《えいへいじ》で『正法眼蔵《しょうほうげんぞう》』を講じた。

▼**日蓮**　一二二二～八二。法華経の絶対的信仰を説き、佐渡《さど》に流罪となる。著書は『立正安国論《りっしょうあんこくろん》』。

道元

日蓮

▼**女人罪業観** 女性には五障《ごしょう》(梵天《ぼんてん》・帝釈《たいしゃく》・魔王《まおう》・転輪聖王《てんりんじょうおう》・仏の五つになれない)の罪業があり、往生には変成男子《へんじょうなんし》(男性に生まれ変わること)が必要とされた。

かつて鎌倉新仏教論は、法然らが一つの行《ぎょう》(念仏・題目《だいもく》・坐禅)を「選択」して「専修」したとして、そこに彼らの共通点を見出そうとした。しかしこうした見解は、彼らの思想を根本的に誤解している。彼らにあっては、行を選んだのは人間ではない。仏だ。彼らは、仏(弥陀・釈迦《しゃか》)が選んだ教えこそ、あるべき仏法だと考えた。そして内面の深みのなかで仏教を純粋化し、仏法の原点に立ち返って、社会や国家と癒着した仏教のありようを厳しく批判した。道元は女人罪業観▲や女人結界《けっかい》を否定したし、日蓮は、釈尊の弟子として正法《しょうぼう》護持の義務を果たす者は、国王・大臣にまさると語った。彼らは少数派であったが、その根源的な思想の営みは、時代を超えた普遍性を獲得するにいたる。そして法然は、こうした人びとの先駆的存在であった。

さて法然は、一一七五(承安五)年の回心で本願念仏説に確信をもち、八六(文治二)年の大原問答の段階で選択本願念仏説を樹立していた。つまり法然の思想展開にも、治承・寿永の内乱が決定的な影響をおよぼしている。この厳しい戦争体験が、貧しく劣った人びとへの法然の共感をいっそう強固なものにして、独創的な思想を誕生させたのである。

③ 建永の法難と法然

弾圧の経緯

法然の弟子や信者がふえるにつれて、専修念仏《せんじゅねんぶつ》と顕密《けんみつ》仏教との間で摩擦が起きるようになった。一二〇四(元久《げんきゅう》元)年、延暦寺《えんりゃくじ》の僧徒が天台座主《てんだいざす》真性《しんせい》▲に、専修念仏の禁止を朝廷《ちょうてい》に進言するよう求めた。それを知った法然は「七箇条制《せい》誡《かい》▲」を作成し、活動の自粛を表明した。

(1)「愚人」の身で諸宗や余仏を批判してはならない。(2)「無智の身」で念仏以外の信者と論争するのを禁止する。(3)「愚痴偏執《ぐちへんしゅう》の心」で念仏以外の信者を嘲笑してはならない。(4)念仏には戒律《かいりつ》が不要だといって「婬酒《いんしゅ》食肉」を勧めてはならない。(5)無智な者が自分勝手な考えを説いてはならない。(6)「痴鈍《ちどん》の身」で邪法《じゃほう》を布教してはならない。(7)邪法を師の説と偽ってはならない。

以上、七項目の遵守を一九〇人の弟子に署名・誓約させた。これによって、弾圧を回避しようとしたのだ。ただし、この「制誡」では「愚人」「無智の身」は、さげすみの意で使われている。愚者への共感に法然思想の核心があったことか

▼**真性**　一一六七〜一二三〇。以仁王《もちひとおう》の子。妙法院《みょうほういん》・梶井《かじい》に入室するが、門跡の継承者となれず。一二〇二(建仁《けんにん》二)年、青蓮院門首《もんしゅ》良尋《りょうじん》(九条兼実の子)が慈円との不和で出奔《しゅっぽん》。そこで慈円の弟子となり、翌年、青蓮院門首・天台座主に就任。ただし実権は慈円が握っており、慈円はまた良尋の出奔で兄の兼実に負い目があった。寺院が朝廷に要請するには、座主・別当《べっとう》を通じるのが原則。そのため、延暦寺大衆《だいしゅ》がそれを求めたが、慈円・真性は九条兼実に配慮して問題を穏便におさめた。「七箇条制誡」の提出は、穏便な収拾のための政治的演出と考えるべきだろう。

▼**「七箇条制誡」**　顕密仏教批判の抑制を法然が門弟に求めた訓誡。法然と一九〇人の弟子が連署《れんしょ》し天台座主に提出した。原本は京都二尊院が所蔵(重文、『鎌倉遺文』一四九〇号)。

貞慶

▼貞慶　一一五五～一二一三。法相宗《ほっそうしゅう》と戒律の興隆につくし南都《なんと》仏教の復興をはかった。解脱房《げだつぼう》と号した。藤原信西《ふじわらのしんぜい》の孫で、貞憲《さだのり》の子。叔父の興福寺覚憲《かくけん》に師事し、一一八六（文治二）年に維摩会講師《ゆいまえこうじ》。一一九二（建久三）年遁世《とんせい》して笠置寺《かさぎでら》・海住山寺《かいじゅうせんじ》の再建・創建をはかった。一二〇五（元久二）年に『興福寺奏状』を起草して専修念仏の弾圧を要求。また、興福寺常喜院《じょうきいん》を建立して律講《りっこう》を始め、唐招提寺《とうしょうだいじ》中興となる覚盛《かくじょう》らを育てた。主著は『法相心要鈔《ほっそうしんようしょう》』『愚迷発心集《ぐめいほっしんしゅう》』『法華開示鈔《ほっけかいじしょう》』など。

らすれば、ここでの「愚人」の使用法はあまり法然的ではない（後述七〇ページ）。それはともかく、法然はこの時、トラブルが起きるような布教を自粛するよう、弟子たちに誓約させた。それを受けて、天台座主真性は問題を朝廷に持ち込むことなく話をおさめた。

こうして法然は延暦寺の非難をしのいだが、弾圧の動きは逆に顕密仏教界全体に広がっていった。翌年十月、興福寺《こうふくじ》は朝廷に、貞慶《じょうけい》▲が起草した『興福寺奏状《そうじょう》』▲を提出し、専修念仏に九つの過失があると断じて、その取締りを求めた。(1)勅許《ちょっきょ》をえることなく勝手に新宗を立てた。(2)専修念仏の者だけに弥陀《みだ》の光明があたる図像をつくった。(3)釈迦《しゃか》などの諸仏を軽んじている。(4)読経《どきょう》や造寺造像などの善行を侮蔑《ぶべつ》した。(5)神々を尊重しない。(6)浄土《じょうど》の教えを誤認している。(7)念仏を曲解している。(8)破戒《はかい》を勧めて、戒律を守ることを否定した。(9)国を守るべき仏法《ぶっぽう》を衰退させて国土を乱した。

『興福寺奏状』は古代仏教の考えを示すと評されることが多いが、それは適切ではない。第一に、この『奏状』は「八宗同心《はっしゅうどうしん》の訴訟」として提起された。つまり顕密仏教の総意という形で提出されたが、顕密八宗が一致して朝廷に訴えるのは、これがはじめてのことである。顕密八宗は朝廷によって政治的に統合されていたが、各宗は八宗内の競争に明け暮れており、八宗の思想的なつながりは強くなかった。ところが鎌倉《かまくら》時代の初めに、禅宗《ぜんしゅう》や専修念仏といった新しい思潮が登場すると、それへの反発のなかで八宗が思想的に結束するようになった。こうして「八宗同心の訴訟」がはじめて提起された。

第二に『奏状』は(9)で、「王法《おうほう》と仏法とは盛衰を共にする関係であるのに、専修念仏は仏法を破壊し国を乱そうとしている」と非難している。王法と仏法を鳥の二つの翼にたとえ、両者を運命共同体と捉える考えは、中世成立期の院政《いんせい》時代に登場した(黒田一九七五)。律令《りつりょう》体制という中国的な統治システムが破綻したのを前にして、貴族《きぞく》や朝廷はインド文明(仏教)を援用することで時代の危機を乗り切ろうとしたのだ。つまり、王法と仏法を運命共同体と捉えて仏法興隆の重要性を説く思想は、中世成立期にあらたに登場した。

第三に『奏状』は(1)で、あらたな宗派を立てるには勅許が必要だと主張し、その手続きをおこたった法然が王権を侮辱していると非難した。しかし、この立《りっ》宗《しゅう》勅許論も古いものではない。かつて東大寺《とうだいじ》の永観《えいかん》が「念仏宗▲」を自称したが、

▼**『興福寺奏状』**　興福寺が朝廷に提出した訴え。原本は残っておらず、後世の写本のみ。近年、書誌学的検討が進んで以下の事実が判明。現存の『興福寺奏状』は、①「興福寺奏状」と②「興福寺五師《ごし》三《さん》綱等申状《ごうとうもうしじょう》」という二つの史料をあやまって合体。①の末尾(日付と署判)と②の冒頭(書出・事書)を欠いた状態で接合している。誤りの原因は書写の際の一紙脱落と考えられる。本文(1)〜(9)は①に収録。なお、①の原本には興福寺の僧綱《そうごう》大法師《だいほっし》ら全員の署判が付されていたと思われるが、書写の際に省略された(森二〇一三、坪井二〇一四、平二〇一七)。

▼**念仏宗**　東大寺永観が著わした『往生拾因《おうじょうじゅういん》』(一一〇三年)は冒頭で「念仏宗　永観　集」と記している。

その時は何ら問題になっていない。立宗勅許論は禅宗の流布がきっかけで登場した。一一九四(建久《けんきゅう》五)年、延暦寺の訴えで禅宗が禁じられるが、この時の禁止理由が勅許なしに新宗を立てたことであった。立宗勅許論は、禅宗への嫌がらせのために鎌倉初期に登場した。

このように『興福寺奏状』は、院政期から鎌倉初期における国家と仏教との関係を踏まえて立論されている。それはけっして古代的なものではない。

それに対し法然は、朝廷に詫び状を提出した。この詫び状は伝存していないが、おそらく「七箇条制誡」と同じ趣旨だったろう。そこで、後鳥羽院《ごとばいん》は十二月二十九日に宣旨《せんじ》▲をくだした。そして、(1)浅はかな弟子が破戒を勧めているが、これは法然の考えに反している、(2)朝廷は専修念仏の「偏執」を禁じるが、刑罰を加えることまではしない、と訴えを退けた。

興福寺はこれに反発した。翌年(一二〇六〈元久三〉)二月、朝廷に次の要求を突きつけた。(1)十二月二十九日宣旨の改訂、(2)法然・安楽《あんらく》・住蓮《じゅうれん》・幸西《こうさい》・行空《ぎょうくう》らの処罰、(3)「念仏宗」「専修」の語の禁止、である。しかし朝廷は、専修念仏を禁圧すると念仏そのものの禁止と誤解される危険性が高いと考え、興福寺の要

▼宣旨　『法然上人行状絵図』巻三一に「十二月廿九日、宣旨を下されて云《いわく》、頃年《けいねん》源空上人、都鄙《とひ》にあまねく念仏をすゝむ。道俗おほく教化におもむく。而今《しかるに》彼《かの》門弟の中に、邪執の輩、名を専修にかるをもちて、咎《とが》を破戒にかへりみす。是偏《ひとえに》門弟の浅智よりおこりて、かへりて源空か本懐にそむく。偏執を禁遏《きんあつ》の制に守《まもる》といふとも、刑罰を誘諭《ゆうゆ》の輩ニくは(加)ふることなかれ」とあり、『三長記《さんちょうき》』元久三(一二〇六)年二月二十一日条はこの記事が事実であることを裏づける。

▼熊野詣　院政期より熊野三山への参詣が盛んになり、後白河院は三四回、後鳥羽院は二八回を数える。この時は園城寺覚実を先達《せんだつ》にして一二〇六(建永元)年十二月九日に京都を出発。二十八日に帰洛した。

求を認めなかった。興福寺は手詰りとなり、このまま話が収束するかに思われた時、重大事件が起きる。いわゆる「密通事件」である。

一二〇六年十二月、後鳥羽院が熊野詣《くまのもうで》▲に行った留守中に、法然の弟子と後鳥羽の女房《にょうぼう》との間で問題が起きた。激怒した後鳥羽院はこれまでの姿勢を改め、翌年正月二十四日、専修念仏を禁止する基本方針を定めている。それを受けて興福寺は、二月上旬に、専修念仏を厳しく処分するよう朝廷に再度要請した（『教行信証《きょうぎょうしんしょう》▲』後序《ごじょ》）。それに対し九条兼実《くじょうかねざね》は二月十日、使いを派遣して後鳥羽に寛大な処置を求めている（『明月記《めいげつき》』）。こうした交渉の結果、二月二十八日、法然らが流罪《るざい》に処された。これが建永《けんえい》の法難《ほうなん》（承元《じょうげん》の法難）である。

安楽らの死罪

この弾圧で、誰がどのように処分されたか、その内容については長らく見解が一致していなかった。『歎異抄《たんにしょう》▲』は次のように記す。(a)流罪は土佐《とさ》の法然、越後《えちご》の親鸞《しんらん》、備後《びんご》の浄聞《じょうもん》、伯耆《ほうき》の禅光房澄西《ぜんこうぼうちょうさい》、伊豆《いず》の好覚《こうがく》、佐渡《さど》の法本房《ほうほんぼう》行空▲の計六人。(b)幸西▲・証空《しょうくう》は慈円《じえん》が身柄をあずかって流罪をまぬがれた。(c)死

▼『**教行信証**』　親鸞の主著。化《け》身土《しんど》巻を一二二四（元仁《げんにん》元）年に執筆。最晩年まで推敲を続けた。後序に、法然門下になってからの事績を記す。

▼『**歎異抄**』　唯円《ゆいえん》が編纂した親鸞の言行録。親鸞の教えが乱れるのをなげいた著。全一八条で、末尾に建永の法難関係の記録を付す。

▼**行空**　生没年未詳。法本房。専修念仏の急進派の中心で、幸西とともに一念義《いちねんぎ》を主張。親鸞らに思想的影響をあたえた。佐渡に流罪となり、その後の事績は不明。

▼**幸西**　一一六三～一二四七。成覚房《じょうかくぼう》。比叡山西塔南谷《ひえいざんさいとうみなみだに》に住したが、三六歳で遁世。法然門下となり行空らと一念義を主張。建永の法難では流罪をまぬがれたが、嘉禄の法難（一二二七年）で流罪。配所の阿波《あわ》で死没した。著書は『玄義分抄《げんぎぶんしょう》』など。一念僧は南北《なんぼく》朝《ちょう》期まで活動が確認できる。

罪は善綽房西意《ぜんしゃくぼうさいい》・性願《しょうがん》・住蓮▲・安楽▲の四人。

浄土宗西山派《せいざんは》の僧が編纂した『法水分流記《ほうすいぶんりゅうき》』▲(一三七八年成立)では、幸西の記事が欠けているものの、それ以外は『歎異抄』と一致している。ただし、『愚管抄《ぐかんしょう》』は安楽・住蓮の死罪と、法然の流罪しか記していない。『法然上人行状絵図《しょうにんぎょうじょうえず》』も同様だ。そのため『歎異抄』の記事の信憑性を確定することができなかった。

この疑問を払拭させたのが、玉桂寺阿弥陀如来像《ぎょっけいじあみだにょらい》▲胎内文書《たいないもんじょ》の発見である。一九七九(昭和五十四)年、この阿弥陀像の胎内から、法然の側近であった源智《げんち》の願文《がんもん》と、四万六千人もの名簿が発見された。実はこの仏像は、法然の一周忌(一二一三年正月)を期して造立《ぞうりゅう》したものであった。それに多くの人びとが結縁《けちえん》したが、その名簿の一つに、源智が自筆で「安楽房遵西《じゅんさい》、住蓮房、善綽房西意、聖願房《しょうがんぼう》」と四人の名を連記している。「聖願房」の「聖」と「性」の字が異なるものの、『歎異抄』『法水分流記』が死罪とした人物の名を四人続けて記しており、源智は彼ら四人の共通性を意識している。浄土宗史の碩学である伊藤唯真氏は、この事実から、『歎異抄』が伝える死罪四人説が裏づけられた、と述べた(伊藤

▼**住蓮**　?〜一二〇七。大和源《やまとげん》氏《じ》の出身。日本一の悪僧といわれた興福寺信実《しんじつ》の曾孫で、実遍《じっぺん》の子。建永の法難で処刑された。

▼**安楽**　?〜一二〇七。中原《なかはらの》師秀《もろひで》の子で、名は遵西《じゅんさい》。法然の弟子となり『選択集』の執筆に協力。声明念仏に秀でる。建永の法難で住蓮らと共に処刑された。

▼**『法水分流記』**　法然門流の古系譜。浄土宗西山派深草義《ふかくさぎ》の静見《じょうけん》が一三七八(永和《えいわ》四)年に編纂。自派にかたよらない客観的な編纂姿勢がうかがえる。

▼**玉桂寺阿弥陀如来像**　玉桂寺は滋賀県甲賀《こうが》市信楽《しがらき》町にある真言《しんごん》宗の寺院。阿弥陀像は重文に指定され、二〇一一(平成二十三)年の法然八百年忌で浄土宗に移管。本像が造立された経緯については(伊藤一九八一)を参照。

玉桂寺旧蔵阿弥陀如来像　法然一周忌のために造立。胎内に源智の願文や多数の結縁交名を納入。

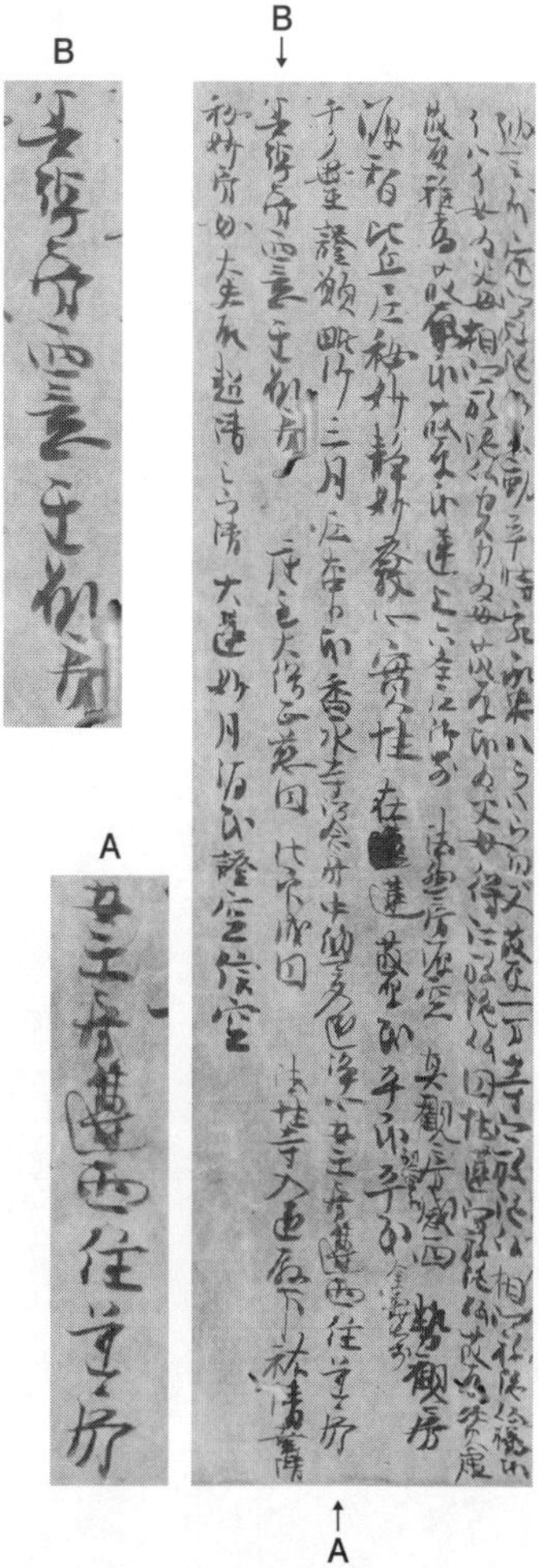

死罪四人の連記　「源頼朝等結縁交名《きょうみょう》」の一部。死罪となった「安楽房遵西、住蓮房」（矢印A）と「善綽房西意、聖願房」（矢印B）の名を連記。

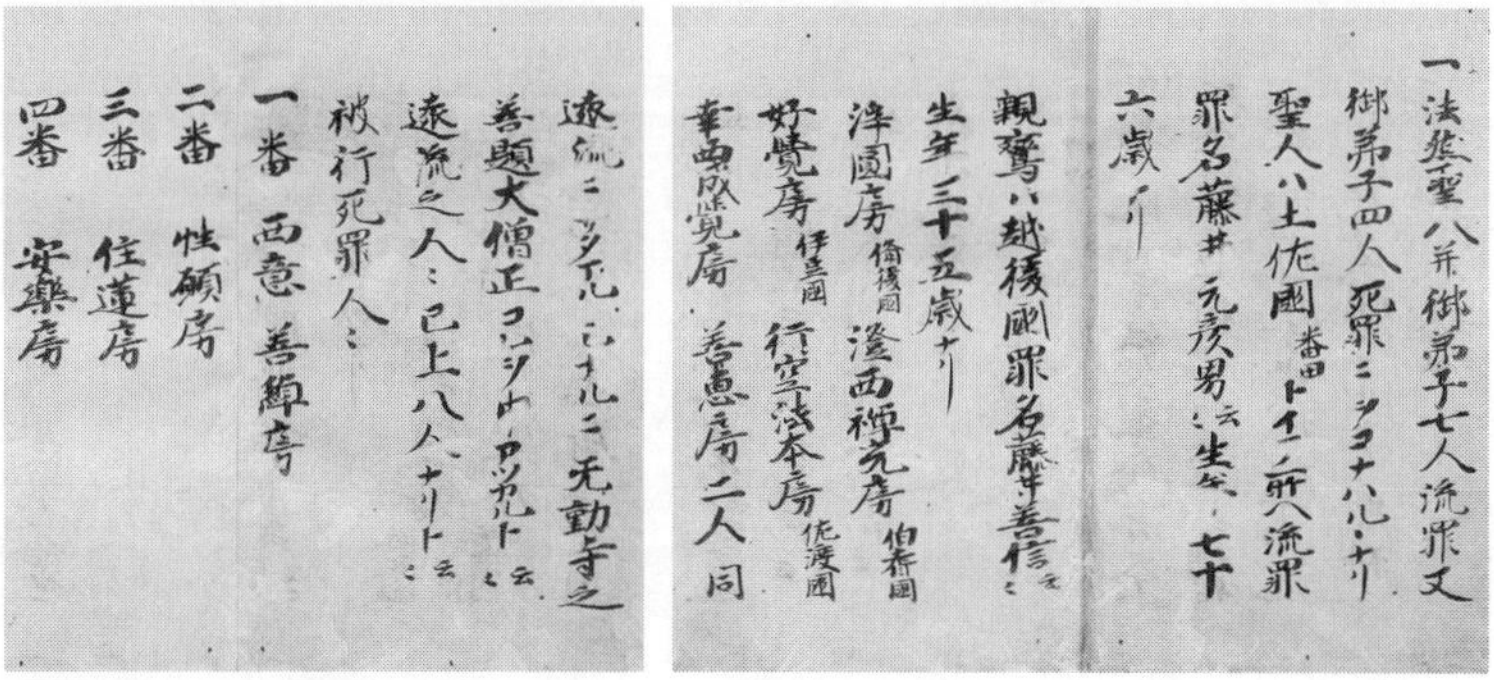

一 法然聖人并御弟子七人流罪又
御弟子四人死罪ニヲコナハルヽナリ
聖人ハ土佐國番田トイフ所ヘ流罪
罪名藤井元彦男云々生年七十
六歳ナリ
親鸞ハ越後國罪名藤井善信云々
生年三十五歳ナリ
浄圓房 備後國　澄西禅光房 伯耆國
好覚房 伊豆國　行空法本房 佐渡國
幸西成覚房　善恵房 二人 同
遠流ニサタマル、シカルニ无動寺之
善題大僧正コレヲ申アツカルト云々
遠流之人々已上八人ナリト云々
被行死罪人々
一番 西意 善綽房
二番 性願房
三番 住蓮房
四番 安樂房

『歎異抄』の流罪記録

一九九五)。首肯すべきだろう。つまり『愚管抄』『法然上人行状絵図』は死罪となった者の一部だけを記したのである。とすれば、流罪人についても同じことがいえるだろう。『愚管抄』などは、流人の一部だけを記したのだ。こうして、『歎異抄』『法水分流記』の記事の確かさが裏づけられた。

では、彼らはなぜ死罪・流罪になったのか。まず、安楽・住蓮・善綽・性願の死罪から考えよう。後鳥羽院は留守中の事件を知って態度を一変させた。一体なにがあったのか。

『愚管抄』によれば、「院の女房たち▲が、安楽をひそかに呼び寄せて念仏の教えを説かせた。安楽はやがて仲間を連れてゆくようになり、夜まで滞在することもあったため、結局、安楽・住蓮が処刑された」という。また『法然上人行状絵図』などは、「安楽の六時礼讃《ろくじらいさん》の声明《しょうみょう》▲が評判となり、それを聞いた院の女房が、後鳥羽の留守中に発心出家《ほっしんしゅっけ》した。それが悪く伝わって、後鳥羽が激怒し二人を処刑した」と述べている。その実態は、後鳥羽に仕えていた女房の無断出家のようである。

一般に中世では、妻が出家するには夫の了解が必要であるし、朝廷に仕える

▼院の女房たち　原文は「院の小御所《こごしょ》の女房、仁和寺《にんなじ》の御室《おむろ》の御母まじりに、これを信じて、みそかに安楽など云物《いうもの》よびよせて、このやう説かせて聞かんとしければ、又具して行向どうれいたち出《いで》きなんどして、夜るさへ留めなどする事出きたりけり。とかく云ばかりなくて、終《つい》に安楽・住蓮頸《くび》きられにけり」(『愚管抄』巻六)。

▼六時礼讃の声明　善導『往生礼讃』に基づく一日六度の法要。安楽は美しい旋律の声明を歌い上げた。「住蓮・安楽等の輩、東山鹿谷《ししがたに》にして別時《べつじ》念仏をはじめ、六時礼讃をつとむ。定まれる節拍子なく、各々哀歎《おのおのあいたん》悲喜の音曲をなすさま、珍しく貴《とおと》かりければ、聴衆おほくあつまりて、発心する人も数多《あまた》きこえしなかに、御所の御留守の女房、出家の事ありける程に、還幸《かんこう》の後、あしさまに讒し申《もうす》人やありけん。おほきに逆鱗《げきりん》ありて、翌年建永二年二月九日、住

者が出家するには、治天《ちてん》の君《きみ》（後鳥羽院）の許しが必要である。それを無視したことは、二重の意味で後鳥羽を愚弄《ぐろう》するものと捉えられたはずだ。

しかもこの事件は、スキャンダラスに喧伝《けんでん》された。「法然の弟子は、女性を誘惑するために念仏を利用している」との悪評▲が一気に広まった。専修念仏はみだらな教団とのイメージが広がり、「狂僧」と「婬女《いんじょ》」の集団と非難された。後鳥羽院はこれまで法然を庇《かば》ってきた。それだけに、その悪評に接して「だまされた」ということで怒りが爆発したのだ。

さらに悪いことに、後鳥羽の寵愛《ちょうあい》の深い女性がこの事件にかかわっていた。坊門局《ぼうもんのつぼね》▲である。彼女は後鳥羽の母方の従妹《いとこ》にあたる。父の坊門信清《のぶきよ》は娘のおかげで内大臣《ないだいじん》の位にのぼることができた。のちに後鳥羽院は承久《じょうきゅう》の乱《らん》で隠岐《おき》に流罪になるが、坊門局は隠岐に随行し、最後まで後鳥羽に付き添ってその臨終をみとった。身内ということもあり、一番心やすい女性が坊門局であった。彼女まで誘惑されたということで、怒りがさらに増したのだろう。こうして安楽と住蓮が処刑された。

では、善綽と性願はなぜ死罪になったのか。彼らは事績の不明な無名の念仏

蓮・安楽を庭上にめされて、罪科せらる」（『法然上人行状絵図』巻三三）。専修念仏の声明の哀音《あいおん》は亡国の音楽と非難された（名畑一九八一）。

▼**悪評**　「近日件《くだん》の門弟等が世間に充満し、事を念仏に寄せ、貴賤并《なら》びに人妻、然るべき人々の女《むすめ》に密通す」（『皇帝紀抄《こうていきしょう》』建永二〈一二〇七〉年二月十八日条）、「左中《さちゅう》将《じょう》　伊時朝臣《これときあそん》（藤原伊時）の妻、出家して尼となると云々。是れ近代の念仏宗法師原《ほっしばら》の所為か。天下の婬女《いんじょ》が競いて尼形を仮り、狂僧に扈従《こしょう》するは已《すで》に流例たるのみ」（『明月記』建暦三〈一二一三〉年七月十八日条）。

▼**坊門局**　生没年未詳。坊門信清の娘。後鳥羽上皇《じょうこう》の寵愛をうけ隠岐で後鳥羽をみとった。帰京後は念仏法要を聴聞したりしている。妹は将軍源実朝《さねとも》の妻、もう一人の妹は頭注前項に登場する藤原伊時の妻で、専修念仏に帰依《きえ》。

者であり、興福寺もこれまで彼らに関心を寄せていない。一方、『愚管抄』は「安楽が仲間を連れていった」と記している。それが善綽・性願だったのだろう。つまり処刑された四人は、いわゆる「密通事件」に直接関与した人物であった。建永の法難での死罪とは、「密通」処分だったのである。

ところで、この死罪は後鳥羽院▲による私刑であった。朝廷は保元《ほうげん》の乱（一一五六年）で数百年ぶりに死罪を復活させたが、その直後に平治《へいじ》の乱（五九年）が勃発した。そのため、死刑はむしろ治安維持に逆効果だという考えが広まっていて、鎌倉初期の朝廷では、正式の手続きを踏んで死刑に処すのは、ほぼ不可能な状況にあった。そこで後鳥羽は、自分の部下に命じて安楽らを処刑させた（上横手二〇〇八）。もちろん私刑は法律違反だ。しかし、後鳥羽院のような専制君主の違法行為をとがめる者などいない。こうして処刑が実行された。

坊門局の系図

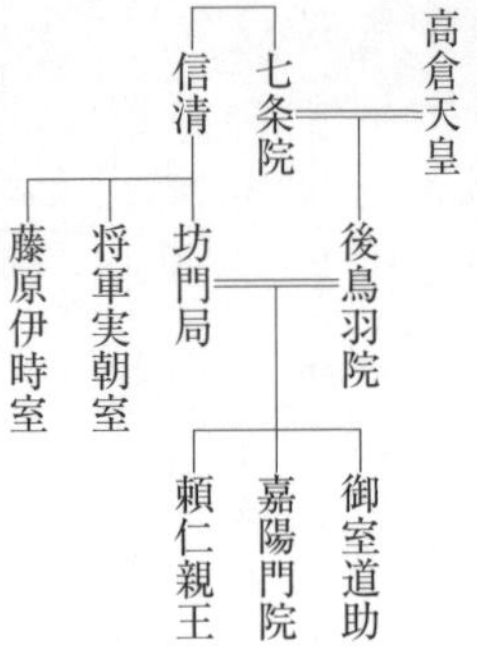

▼**後鳥羽院**　一一八〇〜一二三九。後白河《ごしらかわ》天皇の孫で、高倉《たかくら》天皇の第四皇子。一一九二（建久三）年より親政・院政を行う。一二一九（建保七）年に源実朝が暗殺されると、鎌倉幕府は頼仁《よりひと》親王を将軍に迎えようとしたが、後鳥羽は拒否した。文武に優れ『新古今和歌集《しんこきんわかしゅう》』の編纂を主導。承久の乱（一二二一年）に敗れて出家、隠岐に流罪となった。

一二〇七（建永二）年二月の太政官符

では、流罪は何であったのか。一二〇七年二月二十八日に法然らが流罪となるが、これは何を目的とした処分だったのか。この問題を考えるうえで重要なのが、この時に出された太政官符《だじょうかんぷ》▲である。事件から一二年後の官宣旨《かんせんじ》▲に「専修念仏は建永二年春、五カ条の太政官符で厳しく禁じられた」と記されている。朝廷は建永の法難の折に、五カ条の太政官符を発していたのだ。その内容が五カ条にわたるということは、相当詳しいことが記されていたはずである。弾圧問題を考えるうえで決定的に重要な史料だが、残念ながらこの官符は伝存していない。だが、いろいろな史料が一二〇七年の官符に言及している。そこで、それらをもとに内容を復元してみよう(平二〇一七)。

　復元作業の前に、太政官符について少し説明しておこう。これは陣定《じんのさだめ》▲で協議したうえで発布するもので、朝廷の発給文書《もんじょ》のなかでもっとも正式なものだ。陣定は、今でいうと内閣の閣議に相当する。閣僚にあたるメンバーが内裏近衛《だいりこのえ》府《ふ》の陣に集まって政治方針を協議し、それを参考にして院が決定した。発布手続きが煩雑《はんざつ》なため、中世では簡便な命令書で代用することが多くなるが、今回は太政官符を発した。重要案件と認識していたことを示している。太政官符には、一時的なものと恒久法的なものとがあるが、一二〇七年の官符はその後の法令で何度も言及されている。恒久法として制定されたと考えてよいだろう。

▼**太政官符**　官符とも。太政官から八省・諸国に命令をくだす公文書。紙面に内印《ないいん》(天皇御璽《ぎょじ》)または外印《げいん》(太政官印)を押す。もっとも正式な公文書。しだいに、簡便な官宣旨で代用されることが多くなるが、鎌倉時代でも重大な問題は太政官符を使用した。

▼**官宣旨**　「専修念仏の行《ぎょう》は諸宗衰微の基《もとい》なり、仍《よっ》て去《いぬ》る建永二年春、厳制五箇条裁許の官符を以て、施行《せぎょう》先ず畢《おわ》んぬ。……宜《よろ》しく有司に仰せて、慥《たし》かに糺断《きゅうだん》せしめよ。もしなおこれに違犯《いほん》せば罪科の趣《おもむき》、一《もっぱ》ら先符に同じくせよ」(建保七〈一二一九〉年閏《うるう》二月八日官宣旨、『鎌倉遺文』二四五八号)。

▼**陣定**　太政官による国政議定《ぎじょう》の一つ。上卿《しょうけい》が議長となって開催し国政全般について議論。参加者の意見を取りまとめて奏聞し、院《いん》・摂関《せっかん》はそれを踏まえて裁可。宣旨・官符で発令された。

一二〇七(建永二)年二月の太政官符

▼**二度目の禁令**　「近曾《きんぞう》破戒不善の輩は、厳禁にも拘わらず、なお専修念仏を企つの由、その聞こえあり」（建保七〈一二一九〉年閏二月四日院宣、『鎌倉遺文』二四五一号）。

▼**四度目の禁令**　「専修念仏の事、停廃《ちょうはい》の宣下重畳《ちょうじょう》の上、偸《ひそ》かになお興行するの条、更に公家《こうけ》の知食《しろしめ》すところにあらず。偏《ひと》えに有司の怠慢たり。早く先符に任せ、禁遏《きんあつ》せらるべし」（嘉禄三〈一二二七〉年六月二十九日宣旨、『鎌倉遺文』三六二六号）。

▼**四度目の禁止令**　「頃年《けいねん》より以来《このかた》、内に三宝《さんぽう》の戒行を守らず、外には数般《すはん》の制符を顧《かえり》みず、専修の一字を建て、自余の諸教を破す」（嘉禄三年七月十七日宣旨、『鎌倉遺文』三六三八号）。

▼**五度目の禁令**　「頃年より以来、無慙《むざん》の徒、不法の侶は如如の戒行を守らず、処処の厳制を恐れ

つまり、一二〇七年二月の五カ条の太政官符は、鎌倉時代を通じて朝廷の専修念仏政策を規定する根本法令であった。

では、建永の官符に何が記されていたのか。第一は専修念仏の禁止である。朝廷は建永の法難（一二〇七年）以降も、一二一九（建保《けんぽ》七）年、二四（貞応《じょうおう》三）年、二七（嘉禄《かろく》三）年、三四（天福《てんぷく》二）年、四〇（延応《えんのう》二）年、一三〇八（徳治《とくじ》三）年と、専修念仏の取締りを繰り返し命じた。そのうち、二度目の禁令▲（一二一九年）では「厳禁したにもかかわらず、なお専修念仏を企てている」と非難し、四度目の禁令▲（二七年）でも「先符《せんぷ》（建永二年太政官符）に従って専修念仏を禁圧せよ」と述べている。建永の官符に、専修念仏の禁止が盛り込まれていたのは確実である。

第二は、「専修」「念仏宗」の語の使用禁止だ。二つの語句は、弾圧以前から興福寺が禁止を求めていた。そして、四度目の禁止令▲（一二二七年）で「これまで何度も禁じてきたのに、なお専修の語を使用している」と朝廷が非難し、五度目の禁令▲（三四年）でも、「何度も禁じたのに、いまだに念仏宗を別立しようとしている」と糾弾している。建永の官符に、「専修」「念仏宗」の使用禁止命令が入っていたのは明らかだ。

ちなみに一三一二(正和《しょうわ》元)年、京都大谷《おおたに》にあった親鸞の廟堂《びょうどう》に「専修寺」の寺額を掲げたところ、延暦寺が「専修」の語は禁じられており認められない、と抗議した(『存覚一期記《ぞんかくいちごき》』)。そこで止むなく、寺号を本願寺《ほんがんじ》に改めている。本願寺という寺号の成立にも、建永二年の太政官符がかかわっていた。

第三は、一般信徒の処罰規定である。二度目の禁令(一二一九年官宣旨)では、「専修念仏」の取締りを命じ、「禁止令になお従わなければ、建永二年の太政官符に則《のっと》って処罰せよ」と述べている。また四度目の弾圧▲(一二二七年)では、延暦寺が「朝廷が先符(建永二年官符)に従って専修念仏を取り締まれと布達しているので、延暦寺の末寺《まつじ》・荘園《しょうえん》では専修念仏の者を逮捕し、その住宅を破却《はきゃく》して追放せよ」と命じた。建永の官符には、住宅破却・追放という一般信徒の処罰規定も盛り込まれていた。中世の公家法《くげほう》▲では死刑が存在せず、住宅破却・追放は殺人犯・強盗犯に対する処罰でもあった。つまり専修念仏の信徒というだけで、殺人犯並みに扱われたということだ。

一方、鎌倉幕府《ばくふ》は、一二三五(文暦《ぶんりゃく》二)年、六一(弘長《こうちょう》元)年、一三〇三(嘉元《かげん》元)年に専修念仏の禁止令を発布し、違反者を住宅破却・追放に処すよう命じ

ず、恣《ほしいまま》に念仏の別宗を建て、猥《みだ》りに衆僧の勤学を謗《ぼう》ず」(天福二〈一二三四〉年六月晦日宣旨、『鎌倉遺文』四六七六号)。

▼四度目の弾圧　「専修は仏法の魔障、諸宗の怨敵なり。……今度はまた先符に任せ、禁遏《きんあつ》せらるべきの由、宣下の条明鏡《めいきょう》たり。別しては山門の末寺庄園、日吉《ひえ》の神《じ》人《にん》寄人《よりうど》、惣じては諸国七道の土民、辺寺辺山の僧徒は、彼《か》の専修結構の輩を捜し尋ね、その身を搦《から》め取り住所を破却し、皇土の外に追放せしむべし」(嘉禄三年六月三十日延暦寺政所《まんどころ》下文案《くだしぶみあん》、『鎌倉遺文』三六二八号)。

▼公家法　平安時代後期から朝廷で通用した法体系。律令《りつりょう》をもとにしながら、社会構造の変化に対応してとった政務の蓄積がその根幹。公家新制として発布されたもののほか、慣習法的なものも多い。

た。とくに一二三五年七月の禁令▲では、「幕府は朝廷の命に従って念仏を取り締まるつもりだ。これまで朝廷は何度も禁止令を発したが、いまだに退治することができていない」と述べている。このことからすれば、鎌倉幕府の禁止令は、一二〇七年の太政官符に準拠して発布された、と考えられる。建永の官符は鎌倉幕府法にも影響をおよぼしたのである。

第四は、法然の罪状と流罪処分である。法然が流罪になったのは、監督責任を問われたという考えと、法然思想そのものが問題にされた、という二つの説がある。しかし、この太政官符で、専修念仏の禁止令が発布されていることや、「専修」「念仏宗」の語が使用禁止となった事実は、朝廷が法然思想そのものを否定したことを物語っている。事実、『興福寺奏状』は法然の核心が念仏宗と専修の勧め▲であると捉えていた。これらを禁じている以上、建永の弾圧が法然思想の禁圧であったことは明らかだ。

法然の流罪は監督責任を問われたものではない。悪魔の教え▲（専修念仏）を流布させたことが、とがめられたのだ。そしてこれが嘉禄の法難（一二二七年）での『選択集《せんちゃくしゅう》《せんじゃく》』の発禁・焼却につながってゆく。法然の『選択本願念仏集』は、日

▼一二三五年七月の禁令　「念仏者と称し黒衣《こくえ》を着するの輩、近年都鄙《とひ》に充満し諸所を横行して、動《やや》もすれば不当の濫行《らんぎょう》を現ずと云々《うんぬん》。尤も停廃《ちょうはい》せらるべく候。関東においては仰せ付けらるに随い、沙汰を致すべく候。この事　宣旨は度々に及ぶと雖《いえど》も、いまだ対治《たいじ》せられず。重ねて遍《あま》ねく　宣下せらるべし」（文暦二〈一二三五〉年七月二十四日関東御教書《みきょうじょ》、『鎌倉遺文』四八〇四号）。

▼念仏宗と専修の勧め　『興福寺奏状』は「一沙門あり、世に法然と号す。念仏の宗を立て、専修の行を勧む」と述べ、慈円『愚管抄』巻六も「建永の年、法然房と云《いう》上人ありき。間近く京中をすみかにて、念仏宗を立て専宗（ママ）念仏と号し」と語っている。社会的には浄土宗よりも、念仏宗として捉えられたようだ。

本の歴史で政府から発禁処分をうけた最初の書物となった。

第五に、親鸞・行空など弟子七人の罪名と処分について記されていたはずだ。中世という時代は、極端なまでの小さな政府の時代であり、警察にあたる検非違使《けびいし》にまともな捜査能力はない。そのため中世では、処罰候補の特定は敵方が行う場合と、味方の責任者が行う場合の二つがあった。建永の法難に即していうと、興福寺が指名するか、法然が指名するかだ。しかし、今回は流罪者に法然が含まれている。流罪候補の指名は興福寺が行ったはずだ。親鸞の『教行信証』後序は、「興福寺の学徒が承元《じょうげん》元（一二〇七）年二月上旬に後鳥羽院に奏達して、法然とその弟子が死罪・流罪に処された」と述べている。おそらくこの時に興福寺は、流罪に処すべき人物の名簿を朝廷に提出した。その名簿には法然のほか、親鸞・行空や幸西・証空など計八人の名が記されていたはずだ。

では、彼らはなぜ、流罪リストにあがったのか。建永の太政官符は、専修念仏を禁じ、「専修」「念仏宗」の語の使用を禁じている。その点からすれば、流罪候補に指名された弟子七人も、その思想や言動が問題にされたと考えるべきだろう。事実、興福寺は専修念仏による諸行往生《しょぎょうおうじょう》の否定▲を厳しく非難してきた

▼悪魔の教え　『興福寺奏状』は「源空は一門に偏執して八宗を都《と》滅《めつ》す。天魔の所為、仏神も痛むべし」と批判し、慈円も専修念仏を「順魔」の教えと非難（『愚管抄』巻六）。明恵は法然を「汝、豈《あに》悪魔の使に非ざるや」（『摧邪輪』）と指弾し、延暦寺隆真《りゅうしん》も「魔、比丘となるとは、豈この人に非ずや」（『弾選択』識語）と法然を悪魔と断じた。朝廷も一二〇七（建永二）年の宣旨で「誠に是れ天魔障遮《しょうしゃ》の結構と謂《い》いつべし。寧《あに》また仏法弘通《ぐづう》の怨讐《おんしゅう》に非ずや」（『法然上人伝記（九巻伝）』巻六上）と、専修念仏を天魔の教えと断定した。

▼諸行往生の否定　念仏以外の行による往生を否定すること。この認否が専修念仏と顕密仏教の最大の対立点。親鸞・行空・幸西・証空は諸行往生だけでなく、聖道門による悟りも否定した。

一二〇七（建永二）年二月の太政官符

が、親鸞・行空・幸西・証空の四人はいずれも諸行往生を否定している。一方、信空・源智は法然の側近中の側近であったが、穏健派ということで指名されていない。興福寺は法然門下の思想性を正確に把握しており、それをもとに朝廷に処分を求めた。

ただし、後鳥羽院は丸呑みを避けた。政治の主導権を確保するには丸呑みはまずい。興福寺が図に乗る危険性がある。そのため後鳥羽院は九条兼実の要請を一部認めて、幸西・証空については慈円による預かり処分にとどめた。

以上が、一二〇七年二月の五カ条の太政官符の内容と考えられる。(1)専修念仏の禁止、(2)「念仏宗」「専修」の語の使用禁止、(3)違反信徒の住宅破却・追放、(4)法然の罪名と流罪、(5)行空・親鸞ら五人の罪名と流罪、そして幸西・証空の罪名と預かり処分。これらが記されていたはずだ。そして、これが恒久法として立法されたことからすれば、前半の(1)(2)(3)は、鎌倉時代を通じて朝廷・幕府による取締りの法源になったのである。

こうしてみてくると、一二〇七年の太政官符が非常に厳しい内容であったことがわかる。弾圧にいたる経緯は、さまざまな偶然と人間くさい卑俗さに満ち

慈円

▼**慈円**　一一五五〜一二二五。藤原忠通の子、兼実の同母弟。諡《し》号《ごう》は慈鎮《じちん》。一一歳で青蓮院覚快に入室し修学に励んだが、一一八〇(治承四)年に出奔・隠遁。兼実の説得で復帰し、やがて青蓮院門跡を継承。天台座主を四度つとめ、後鳥羽院の護持僧として活躍。公武協調の立場から『愚管抄』を執筆。専修念仏を「魚食女犯《にょぼん》の放逸《ほういつ》」を勧める「順魔」の教えと断じた。

▼**親鸞**　一一七三〜一二六二。日野有範《ありのり》の子。浄土真宗の祖とされる。二九歳で延暦寺を離れて法然門下となる。建永の法難で越後

ているが、結果は重大である。朝廷は専修念仏を仏法の敵と認定し、鎌倉幕府もそれに同調した。先例重視の中世社会にあって、この裁定をくつがえすことはきわめて困難である。法然・親鸞ら八人は四年後に赦免されるが、だからといって専修念仏禁止令が解除されたわけではない。朝廷・幕府はその後も、専修念仏禁止令を繰り返し発布した。

とはいえ、日本中世は小さな政府の極限のような社会だ。法令の実効性が低く、地域権力の自立性も高かった。たとえば一二七五(建治《けんじ》元)年、鎌倉幕府の法廷で、七年前に発布された幕府法の真偽をめぐって、原告と被告が論争している。裁判官役の幕府奉行人《ぶぎょうにん》はその法令の存否を承知しておらず、すぐにチェックできるような簡便な法令集も存在しなかった。そのため、その幕府法が本物かどうかをめぐって鎌倉幕府の法廷で争うという、珍妙な事態が発生した。これが中世法の実態である(笠松一九七九)。

しかも中世は地域権力の自立性が高い。ある御家人《ごけにん》(大庭景義《おおばかげよし》▲)は、源頼朝《みなもとのよりとも》から捕虜(河村義秀《かわむらよしひで》)の処刑を命じられたが、実際には処刑することなく自宅にかくまった。そして一〇年後、彼の口添えでその捕虜が頼朝に登用されている。

に配流。赦免後は常陸《ひたち》に移住して東国《とうごく》民衆に布教。その後、帰洛《きらく》した。悪人正因《あくにんしょういん》説を説いた。

▼**大庭景義**　?～一二一〇。大庭景忠《かげただ》の子。弟の景親《かげちか》は石橋山《いしばしやま》の合戦《かっせん》で平氏方の中心となったが、景義は源頼朝の挙兵に参加。一一八〇(治承四)年に河村義秀の処刑を頼朝から命じられたが、家に保護。一一九〇(建久元)年に義秀の赦免・登用を願い出て認められた。一一九三(建久四)年に謀反《むほん》の嫌疑で出家し遠ざけられたが、懇請して九五(同六)年の頼朝上洛に供奉《ぐぶ》。

親鸞

源頼朝は不快感を示したものの、結局その捕虜を御家人に取り立てた。頼朝から直接処刑を命じられても、実際に処刑するかどうかは御家人の判断次第であった。朝廷や幕府の支配は▲イエの内部にまで及んでおらず、中央権力の力は強くない。それゆえ、紙切れ一枚で専修念仏の禁止を布達したとしても、それに従うかどうかは、領主《りょうしゅ》の判断に委ねられていた。そのため、実際の弾圧は地域的な偏差が大きいうえ、実効性は低く、継続性の面でも難があった。

大まかで大ざっぱな弾圧、これが中世における弾圧の特質だ。ただし、延暦寺や興福寺は建永の官符によって、専修念仏を襲撃し追却する法的根拠を手に入れた。そして、大ざっぱな弾圧しか行わない政府にかわって、彼らが弾圧を主導した。その結果、専修念仏はまるで延暦寺や興福寺によって弾圧されたかのような様相を呈することになる。

弟子暴走説と法然本源説

弾圧に関し、検討すべき問題がもう一つある。朝廷は法然思想をとがめて弾圧したが、朝廷のその判断は正しかったのだろうか。

▼イエ　領主制の基盤となった家父長《かふちょう》制的な家。屋敷地を核とする直営地(門田《かどた》・門畠)は強いイエ支配権のもとにあり、裁判権をはじめとする彼らの領主権には、上部権力も介入できなかった。

▼弟子暴走説　『法然上人行状絵図』巻三三は「安楽死刑に及びて後も逆鱗《げきりん》なを止まずして、重ねて弟子の咎《とが》を師匠に及ぼされ、度縁《どえん》をめし俗名を下されて、遠流の科に定めらる。藤井元彦」と記す。弾圧後、法然門下の多くは顕密仏教との宥和をはかった。法然本源説では布教が行き詰まるため、弟子暴走説は法然門下にとって必要不可欠な神話となった。

▼『明恵上人夢記』　夢記とも。明恵が記した夢の記録。「一人の長《たけ》高き僧有り。白衣《びゃくえ》なる心地す。笠を著たり。心に思はく、法然房也。我が仏事の導師すべし。其の聴聞の為に来られ、我が房の中に入りて饗応して二三日を過す」。

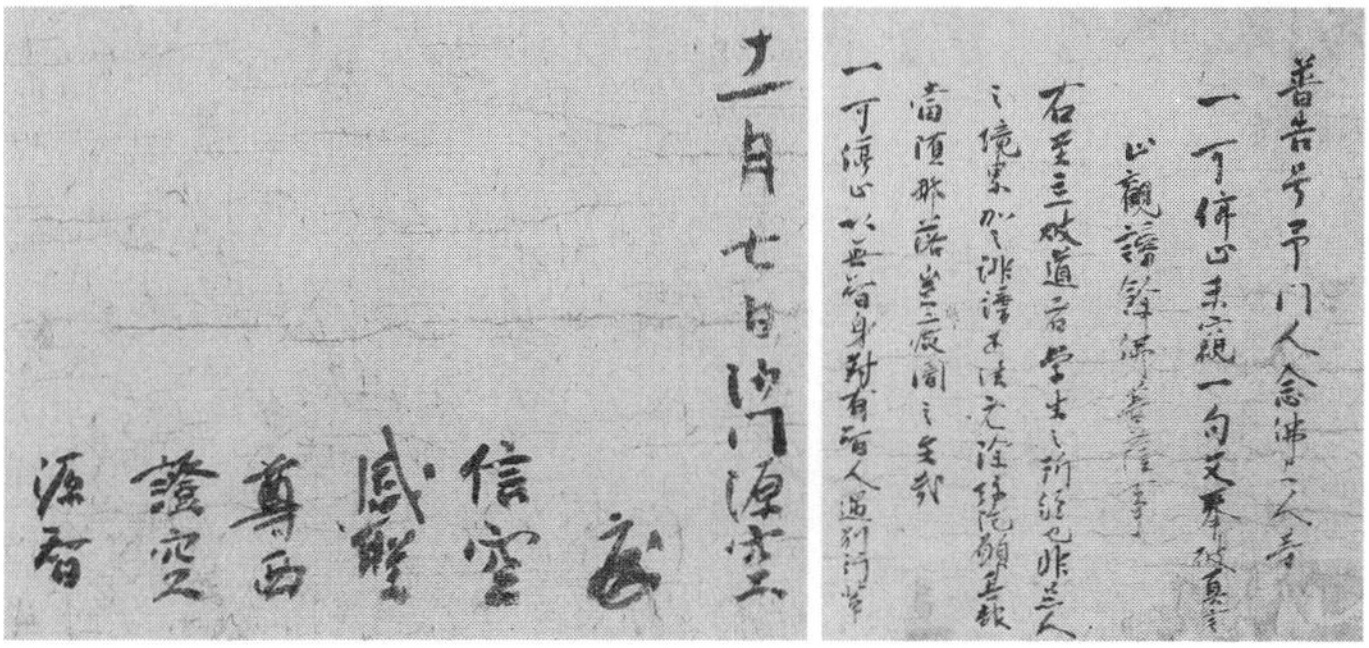

「七箇条制誡」の冒頭(右)と法然らの署名(左、拡大)

専修念仏は顕密仏教との間でさまざまな軋轢《あつれき》を起こしたが、その原因については二つの考えがある。一つは、法然の思想に根本原因があったとする考えである。これを法然本源《ほんげん》説と呼んでおく。もう一つは、法然は顕密仏教を誹謗《ひぼう》する意図がなかったが、教えを曲解した弟子たちが問題を引き起こしたという考えだ。これを弟子暴走説▲と呼ぶことにする。この二つの考えはすでに鎌倉時代から存在しており、そのため、現在の研究者も見解が分かれている。

一二〇四(元久元)年、法然が弟子たちに署名させた「七箇条制誡」では、顕密仏教との軋轢の原因を「無智不善の輩《ともがら》」の無分別な言動のせいにした。翌年十二月二十九日の宣旨も「浅はかな弟子が破戒を勧めているが、これは法然の考えに反している」と述べていて、朝廷も一時期、弟子暴走説を採用していた。

問題は明恵《みょうえ》だ。『摧邪輪《ざいじゃりん》』によれば、彼はもともと弟子暴走説の立場をとっていた。専修念仏の悪評は、弟子が法然の名を騙《かた》って妄言しているのが原因と考えていた。法然に非があるとの噂《うわさ》を聞いても、明恵はまったく信用しなかったという。事実、『明恵上人夢記《しょうにんゆめのき》』▲によれば、一二〇六(建永元)年に法然となごやかに懇談した夢をみており、明恵が法然に好意的であったことがわかる。そ

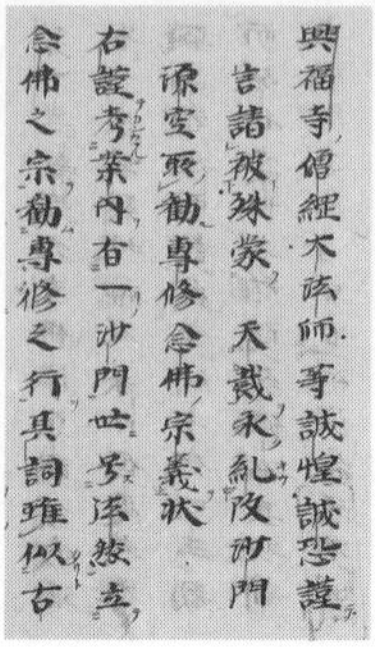
『興福寺奏状』

▼**第十八願**　『無量寿経《むりょうじゅきょう》』第十八願は「唯除五逆誹謗正法」と記し、五逆と誹謗正法をおかした者は救済から除外する、と述べる。一方『観《かん》無量寿経』下品下生《げぼんげしょう》では、五逆《ぎゃく》・十悪《じゅうあく》の往生を説いており、これをどう整合的に理解するかは、浄土教理史の重要なテーマ。法然は十八願を引用する際、この除外規定を一貫して無視したが、「七箇条制誡」だけはその除外規定に言及している(河田一九七三)。

▼**表裏があり**　「彼の弟子ら道俗に告げて云《い》わく、上人の詞にみな表裏あり。中心を知らず。外聞に拘わる勿《なか》れと」(『興福寺奏状』)。

の態度は建永の法難後も変わっていない。

ところが一二一二(建暦《けんりゃく》二)年正月に法然が亡くなり、同年九月に『選択本願念仏集』が木版印刷で刊行された。明恵はわくわくする思いでそれを取り寄せたが、読み終えて愕然《がくぜん》とする。弟子が起こしたあらゆる問題が『選択集』に起因していることに気づいたからだ。そして明恵は『選択集』を、念仏の教えを汚し善導《ぜんどう》の教えを冒瀆《ぼうとく》するものだと非難して、法然を「悪魔の使」と断じた。つまり明恵は、もともと弟子暴走説をとって法然を仰信《ぎょうしん》していたが、『選択本願念仏集』を読んで法然本源説に転換したのである。この事実は重い。

ちなみに、一二〇四年の「七箇条制誡」は弟子暴走説に立脚しているが、先述のように、そこでの愚人観は法然的ではない。それだけではない。「七箇条制誡」は第十八願▲の取扱いについても、法然史料として特殊なところがある。弾圧回避のために出された「七箇条制誡」を、法然思想そのものとして取り扱うには、慎重な手続きが必要となる。

ところで『興福寺奏状』によれば、「法然上人の発言には表裏があり▲、外聞に惑わされてはならない」と弟子たちが公言していたという。表裏の話は本当な

▼この手紙を公開　「御披露あるまじく候。御覧《ごらん》じ心得させ給《たま》ひて後には、疾《と》く疾く引《ひ》き破《や》らせ給ふべく候」（「大胡太郎実秀へつかはす御返事」）。

▼非公開　「庶幾《こいねが》わくは一たび高覧を経て後に、壁底に埋めて窓前に遺《のこ》すこと莫《なか》れ。恐らくは破法の人をして、悪道に堕《だ》せしめざらんがためなり」（『選択集』）と述べ、批判者が謗法《ほうぼう》の罪で地獄に堕ちるのを防ぐため、本書を非公開にすると説明。しかしこれは、『選択集』が多くの弟子に対し非公開とされた理由の説明にならない。

法然の手紙を読む大胡実秀（『法然上人行状絵図』巻二五）

のか。それとも、これまた弟子が暴走するなかで虚言を弄したのか。実際のところ、表と裏を使い分けるような者は信用できない。法然がそのような人物であったとは考えにくい。

ところが、「大胡《おおごの》太郎実秀《さねひで》へつかはす御返事」という法然の消息《しょうそく》がある。大胡実秀は上野国《こうずけのくに》勢多《せた》郡大胡郷《おおごのごう》（群馬県前橋《まえばし》市）の御家人であり、一一九五（建久六）年に源頼朝に随行して上洛《じょうらく》した折に法然の弟子となった。そして、帰国してから法然と手紙のやりとりをしている。その一つが、この消息である。

ここで実秀は、「専修念仏とはいっても、念仏の合間に時々法華経《ほけきょう》を読んでもよいか」と質問した。それに対し法然は「無下《むげ》に、け穢《ぎたな》く覚《おぼ》え候《そうら》へ（非常にきたならしいと思います）」と応えた。念仏と法華経の併修は、平安《へいあん》・鎌倉時代の浄《じょう》土教《どきょう》のもっともありふれた信仰形態であったが、法然はそれをきたないと否定した。そして手紙の最後に「この手紙を公開▲してはならない。読んで理解したなら、すぐに破って処分してください」と記している。この発言は異様である。

考えてみれば、法然は他にも同じようなことを行っていた。『選択本願念仏集』の非公開▲である。外部の者はもちろんのこと、ほんの一握りの弟子にしか

『選択集』を見せていない。親鸞ですら、閲覧・書写が許されたのは弟子となって四年目のことだ。それまでは親鸞に全幅の信頼を寄せていなかった、ということになる。『選択本願念仏集』は法然思想を体系的に記しており、法然の教えを正確に理解するには『選択集』を読むのが一番だ。法然の考えを弟子が誤解しているなら、彼ら全員に『選択集』を熟読させればよいと思うが、法然はそうしていない。むしろ隠している。

『選択集』の書写・閲覧▲について、法然は臆病といえるほど慎重であった。真意をもらした手紙の破棄を命じたり、心酔する弟子に対しても『選択集』を容易に見せていない。こうした点からすれば、弟子の発言もあながち嘘とは思えない。法然が表と裏を使い分けた可能性は十分にある。

では、なぜ法然は、混乱させるような言動をしたのか。法然は最初から、こういう複雑な姿勢をとっていたのではない。もっと、おおらかだった。一一九〇(文治《ぶんじ》六)年には重源《ちょうげん》の要請で、東大寺で浄土教を講じている。つまりこの段階の法然は、顕密僧に対し、自説を披露することに何のためらいも持っていなかった。誰に対しても、おおらかに選択本願念仏説を開陳《かいちん》していた。ところが

▼**『選択集』の書写・閲覧**　親鸞は『教行信証』後序で、『選択集』を「無上甚深の宝典」と賞讃しつつ、「年を渉《わた》り日を渉りて、その教誨《きょうかい》を蒙るの人は千万なりと雖《いえど》も、親《しん》と云《い》い疎と云い、この見写を獲《う》るの徒《ともがら》は甚《はなは》だ以て難《かた》し」と述べ、少数の弟子にしか、『選択集』の書写・閲覧が許されなかったと証言している。

▼**大日能忍**　生没年未詳。禅僧。自証独悟して摂津の三宝寺《さんぼうじ》を開創。弟子を宋《そう》に派遣して拙庵徳光《せったんとっこう》から嗣承《ししょう》を認められた。一一九四(建久五)年に禅宗の布教を禁じられ、まもなく死没。

▼**栄西**　一一四一〜一二一五。道号は明庵《みょうあん》、葉上房《ようじょうぼう》と号した。備中《びっちゅう》吉備津《きびつ》神社の賀陽《かや》氏の出身。延暦寺で出家したのち、二度入宋し虚庵懐敞《きあんえじょう》から印可《いんか》をうけた。一

一一九四(建久五)年に弾圧されると、開宗《かいしゅう》の勅許を求め『興禅護国論《こうぜんごこくろん》』を執筆。その後、鎌倉に赴き将軍頼《より》家《いえ》の信頼を獲得した。そして幕府の後押しで一二〇二(建仁二)年に建仁寺《けんにんじ》の開創を申請。朝廷は天台・真言の併置を条件に許可した。顕密併置なら禅の立宗を認めない方針と齟齬《そご》しないためだ。この時期の禅寺《ぜんでら》はすべて顕密併置だったが、やがて北条時頼《ほうじょうときより》は禅だけの建長寺《けんちょうじ》を創建し、禅の立宗を実質的に強行。これを機に御家人の氏寺《うじでら》が禅寺となり、禅宗が飛躍的に発展した(平二〇一七)。

栄西

一一九八(建久九)年に著わされた『選択集』は非公開となっていて、弟子にすら容易に見せていない。八年前の東大寺講説《こうせつ》と『選択本願念仏集』を比較すると、『選択集』のほうが議論が整理されているが、本質的な違いはほとんどない。つまり、南都《なんと》の僧侶を前に自説をおおらかに説いた法然が、八年後には一転して秘密主義に転じた。八年の間に何があったのだろうか。

その答えは、一一九四(建久五)年の禅宗弾圧である。大日能忍《だいにちのうにん》▲と栄西《えいさい》▲が勅許なしに新宗を立てたということで延暦寺が訴え、それを認めて朝廷は禅宗を禁じた。その結果、京都を追われた能忍たちはちりぢりになり、栄西も居場所を失って博多《はかた》に移り、さらに鎌倉に転じている。

禅宗と専修念仏は、治承《じしょう》・寿永《じゅえい》の内乱後、ともに急速に発展した。ところが一方の禅宗が弾圧されて、京都で壊滅的な打撃を受けた。法然はその経緯を目の当たりにしている。勅許なき新宗は法然にもあてはまる。普通に布教を行えば、禅宗の二の舞いになるのは目に見えている。どのようにすれば、弾圧を回避しながら布教することができるのか。法然が直面した課題はきわめて困難なものであった。

法然の流罪を見送る人びと(『法然上人行状絵図』巻三四)

つまり禅宗の弾圧とその壊滅という歴史的教訓が、法然に表裏の使い分けを余儀なくさせた。弾圧の口実をあたえないため、言動は慎重のうえにも慎重を期すようになり、秘密主義へと傾いていった。「七箇条制誡」も、こうした流れのなかで理解すべきだろう。真意をもらした消息の破棄を命じるなど、法然自身が秘密主義をとっている以上、弟子もまた、法然と同じように慎重に行動するよう、求めたのである。「七箇条制誡」の本当の目的はここにあった。

禅宗への弾圧が法然から素朴《そぼく》なおおらかさを奪い、複雑で屈折した言動を強いた。法然の矛盾する発言のなかに、私たちは、彼が背負わなければならなかった苦悩と重圧を読み取るべきだろう。法然に表裏があったことを否定しているかぎり、私たちは「真実の法然」にたどり着くことができないはずだ。

朝廷はもともと弟子暴走説を採用していた。しかし、「密通事件」を契機に法然本源説に転換し、専修念仏を禁止して法然らを流罪に処した。つまり弟子暴走説をとっていた時期に、朝廷は何の処分も行っていない。弟子暴走説は実際に弾圧回避に有効性を発揮した。法然たちが対外的に、弟子暴走説を表明するのは当然であろう。これは禅宗弾圧から学んだ歴史の智恵である。

法然の流罪

一二〇七（建永二）年二月二十八日、法然は還俗《げんぞく》され土佐に流罪となった。『歎異抄』によれば還俗名は藤井元彦《ふじいもとひこ》、親鸞は藤井善信《よしのぶ》である。法然伝のなかには還俗名を「源元彦▲」とするものがあるが、妥当ではない。一般に中世では、地方の下級役人を任命する際、藤原は藤井に▲、源は原に書き改めるのが通例であった。身分の低い者が、源氏や藤原氏のような貴姓《きせい》を名乗ることを朝廷は認めなかった。それと同じだろう。藤原氏出身の親鸞が藤井姓をあたえられたのも、罪人に貴姓を付すことをきらったからだ。その点でいうと、「原元彦」ならともかく、「源元彦」はありえない。法然の還俗名は、『歎異抄』などがいうように藤井元彦と考えるべきである。

　法然伝によれば、別離を悲しむ弟子に対し「私は流罪を恨めしいとは思わない。地方の人びとに念仏を説き広めることを願ってきたので、むしろこれは朝《ちょう》恩《おん》というべきだ」と法然が諭《さと》している。そして専修念仏の教えを説きはじめたところ、ある弟子が「こういう説法《せっぽう》はなさるべきでない。みんなも返事してはならない。世間体を考えるべきだ」と制止した。それに対し法然は「私は首を刎《は》

▼**源元彦**　法然伝のうち『四巻伝』『国華本《こっかぼん》』『琳阿本』『九巻伝』『十六門記』が源元彦とし、『法然上人行状絵図』『拾遺古徳伝《しゅういことくでん》』や『歎異抄』は藤井元彦とする。なお、嘉禄の法難で流罪となった空阿弥陀仏の還俗名は「原秋沢」である。

▼**藤原は藤井に**　「藤原を以《もっ》て目《さかん》を申す。執筆は案の如《ごと》く藤井宿禰《すくね》に改め給《たま》う。この事口伝《くでん》あり。藤原を以て藤井に改め、源を以て原に改め、橘を以て立花に改め、平を以て平群《へぐり》に改むるは例なり」（『薩戒記《さっかいき》』応永《おうえい》三十二〈一四二五〉年正月二十九日条）のように、朝廷は地方の下級役人が源平藤橘《げんぺいとうきつ》の貴姓を名乗ることを認めなかった。

ねられても、この教えを説き続けるつもりだ」と断言したという。

こうして法然は土佐に流罪となった。そして行く先々で、地域の人びとに念仏の教えを説いた。だが、法然は実際には土佐に行っていない。七五歳という高齢の法然にとって、土佐はあまりにも遠い。そのため、九条兼実は讃岐《さぬき》にある九条家領小松庄《こまつのしょう》▲に法然を安置した。こうした措置が可能となったのは、同年二月十日の九条兼実の要請に原因がある。後鳥羽院は法然を流罪に処することを譲らなかったが、兼実の顔を立てて流罪先を土佐にした。土佐は九条兼実の知行国《ちぎょうこく》▲であり、兼実が行政権を握っていた。つまり後鳥羽院は流罪先を土佐にすることで、法然の身柄管理権を兼実に委ねたのだ。そのため兼実は、讃岐の所領に法然を迎えるという柔軟な措置を講じることができた。

しかし法然を守れなかった九条兼実は、心労のあまり病床に伏すようになる。そして同年四月五日、「法然のことを歎きながら」▲(『愚管抄』)、兼実は没した。法然が讃岐に到着して、間もない頃のことである。

ただし、四国での流罪生活は長くなかった。同年(一二〇七)十一月、後鳥羽院が京都白川《しらかわ》に最勝四天王院《さいしょうしてんのういん》▲を創建した。これは後鳥羽にとって思い入れ深

▼**小松庄**　讃岐国那珂《なか》郡の九条家領荘園《しょうえん》。子松庄とも。一二〇四(元久《げんきゅう》元)年に九条兼実が宜秋《ぎしゅう》門院《もんいん》にあたえた譲状《ゆずりじょう》に「讃岐国小松庄」が見える。のちに宜秋門院から九条道家《みちいえ》に伝領された。

▼**知行国**　国の知行権をあたえて収入を得させる制度。知行国主は子弟や家臣《かしん》を国司《こくし》に推薦して知行権を行使。院政期から急増した。

▼**法然のことを**　「さて九条(兼実)殿は、念仏の事を法然上人すすめ申ししをば信じて、それを戒師にて出家などせられにしかば、……法然が事など歎きて、その建永二年の四月五日、久しく病に寝て起居も心にかなはず、臨終はよくて失《う》せにけり」(『愚管抄』巻六)。

▼**最勝四天王院**　後鳥羽院が三《さん》条《じょう》白川(京都市東山区)に創建した寺院。現在は廃寺。一二〇七(建永二)年十一月に建立。これを機に大赦《たいしゃ》が行われ、承元に改元。

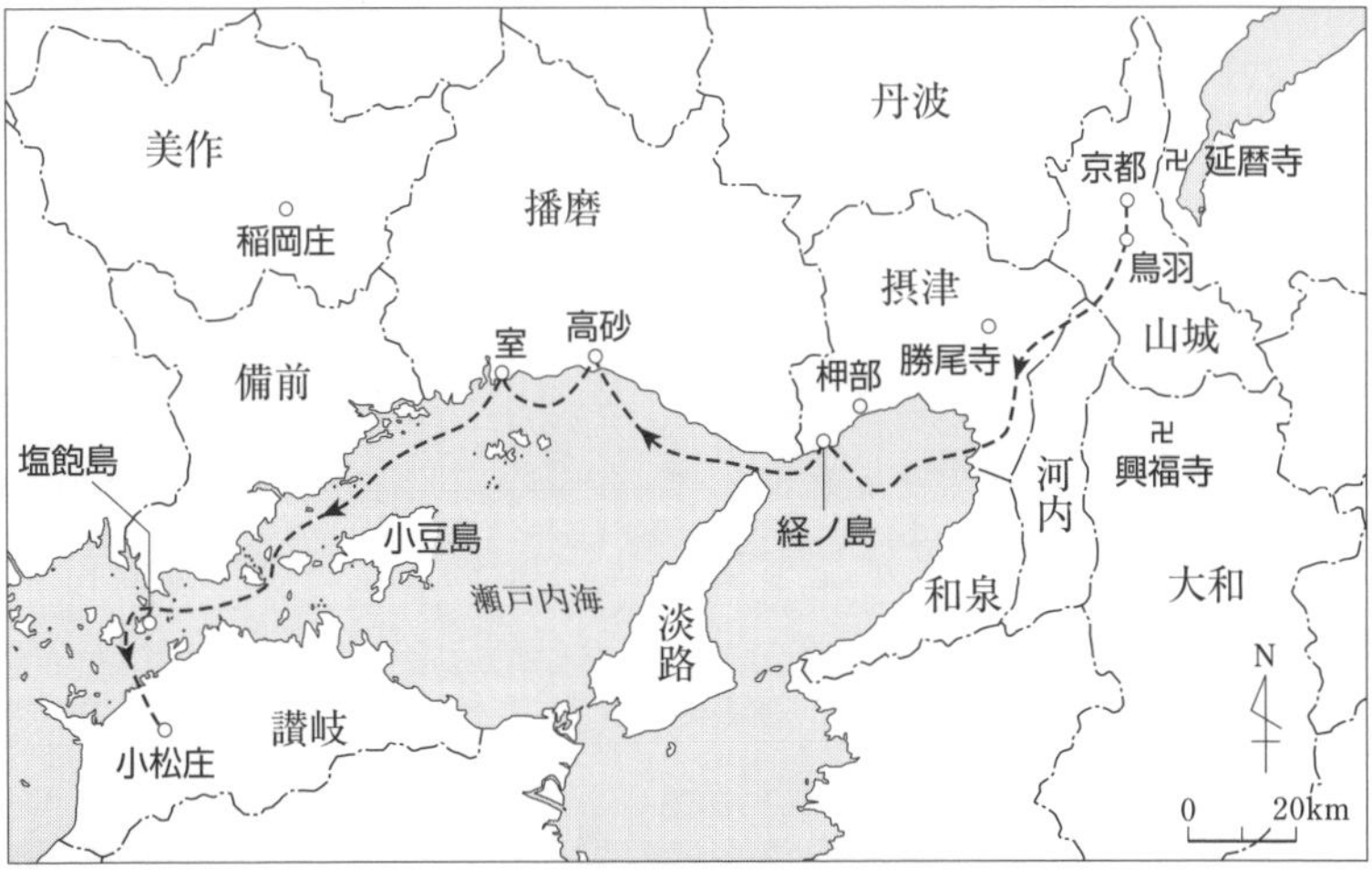

法然配流関係図(『別冊太陽178　法然』をもとに一部変更)　京都から小松庄への配流ルート。1207年末に赦免されると，法然は梶部を経て勝尾寺に入り，そこで4年間をすごした。

流罪先の讃岐で説法する法然(『法然上人行状絵図』巻35)

い事業であったため、恩赦《おんしゃ》が行われた。こうして四国での流罪生活は一〇カ月たらずで終った。

ただし、これは完全な赦免ではない。十二月八日に出された太政官符は法然の赦免を命じたが、その際、「畿《き》のほか《（外）》に居住して、洛中《らくちゅう》に往還する事なかるへし」との条件を付している。『法然上人行状絵図』巻三六のこの一節は長らく「畿の内に居住して」と誤読されてきた。しかし、中井真孝氏の研究によって、「畿の内に」ではなく「畿のほかに」であることが明らかとなった（中井二〇一二）。ここでの「畿」は、原義である「みやこ」の意である。「畿のほか」は畿外ではなく、京外をさしている。つまりこの官符は、赦免《しゃめん》に際し京外居住と洛中への往還禁止を命じたのである。

讃岐を出立した法然は、摂津《せっつ》「柙部《こうべ》」（神戸）に逗留《とうりゅう》したあと、勝尾寺《かつおじ》▲に移った。そして、一二一一（建暦元）年に帰洛を許されるまで、四年近くを勝尾寺ですごしている。では、なぜ法然の滞在先が勝尾寺であったのか。

「勝尾寺文書」を検討してみると、平安末・鎌倉初期に勝尾寺を積極的に支援した人物がいる。尊忠《そんちゅう》▲法印《ほういん》である。この妙香院《みょうこういん》尊忠は九条兼実の異母弟で

▼**勝尾寺**　箕面《みのお》市の古刹《こさつ》。古くより修行の聖地として著名で、清和《せいわ》太上《だいじょう》天皇が行幸《ぎょうこう》。一一八四（元暦《げんりゃく》元）年の一ノ谷《いちのたに》合戦で全山が焼亡。尊忠は以前から勝尾寺に所領《しょりょう》を寄進しており、その再建にも協力した。

▼**尊忠**　一一五〇～一二一三。関白《かんぱく》藤原忠通《ただみち》の子、母は源盛経《もりつね》の娘。延暦寺の妙香院相命《そうみょう》に入室し、天台座主俊堯《しゅんぎょう》に師事。妙香院・本覚院《ほんがくいん》・慈徳寺《じとくじ》などを領有。兼実の子である良快《りょうかい》に妙香院を譲った。

▼**一切経**　仏教典籍を集成したもの。大蔵経《だいぞうきょう》ともいう。

▼**『法然上人伝絵詞』**　全九巻。琳阿本ともいう。鎌倉時代後期の写本が部分的に伝存するが、完本は妙定院《みょうじょういん》蔵の近世写本のみ。『法然上人絵伝集成』の一つとして刊行されている。

▼**殿法印**　殿は「殿下《でんか》」（摂政・

関白）の略。父が摂関《せっかん》の経験者で本人の位が法印である僧をいう。ここでは尊忠をさす。

▼**大谷坊**　知恩院の勢至堂がその遺跡と考えられている。

知恩院勢至堂

あり、慈円の異母兄である（八〇ページ系図）。彼は九条家一門として活動しており、九条兼実の日記『玉葉《ぎょくよう》』には、尊忠が五〇回登場する。慈円の『愚管抄』は、九条兼実が「法然のことを歎きながら亡くなった」と述べているが、このことは兼実が、弟の慈円や尊忠に、法然の後事を託したことを示唆している。

それを裏づける事実がある。法然が勝尾寺に入った頃、勝尾寺に一切経《いっさいきょう》▲がないことを知って、法然は自分の一切経を勝尾寺に寄付した。そこで住僧たちは一切経を迎える儀式を行って歓迎したが、『法然上人伝絵詞《えことば》▲』（琳阿《りんあ》本）によれば、その歓迎会に「殿《とのの》法印御房《ごぼう》▲」、すなわち尊忠が参加したという。尊忠は九条兼実の遺志に応えて、自分のゆかりの寺である勝尾寺に法然を迎えた。そして、用意した一切経を、法然からの寄贈という形にして勝尾寺に奉納したのであろう。心やすく滞在できるように、との配慮である。こうして法然は最晩年の四年近くを勝尾寺で暮らした（平二〇一七）。

一二一一年十一月十七日、後鳥羽院は法然らの流罪を赦免した。法然・親鸞はもとより、慈円にあずけられていた幸西・証空など、合計八人が赦免された。そこで法然は、同月二十日に京都東山《ひがしやま》の大谷坊《おおたにぼう》▲に入った。『法然上人行状絵図』巻三六によれば、この大谷坊は慈円が提供したものだという。慈円は法然に冷淡であったし、専修念仏は取り締まるべきだと考えていた。しかし、尊忠と同様に慈円は、恩義の深い兄兼実▲から法然のことを託されていた。慈円が大谷坊を用意したとの記事も信頼してよいだろう。かつての吉水房《よしみずぼう》が荒廃していたため、あらたな住坊《じゅうぼう》を準備したのである。

当時の「大谷」や「吉水」が京都東山のどの地域をさすのかは定かでないが、「大谷」は粟田《あわた》郷の南から円山《まるやま》公園一帯の広い地域をさし、「吉水」は大谷の一部であった。このころ慈円は吉水の地に、青蓮院門跡《しょうれんいんもんぜき》▲の洛中本坊である大懺法院《だいせんぼういん》▲を構えていた。おそらく、その近くにあった坊舎を法然に提供したのだろう。知恩院《ちおんいん》▲は江戸《えど》時代に山麓部分が大拡張されるが、今の知恩院のうち、勢至堂《せいしどう》のある山腹上段の狭隘《きょうあい》の地に大谷坊があったと考えられている。

法然の死とその後

法然は京都に戻ったが、それから一月あまりの一二一二(建暦二)年正月二日、体調をくずして食事がとれなくなった。そして、これ以後はひたすら念仏をと

尊忠の関係系図

藤原忠通
- 近衛基実
- 松殿基房
- 九条兼実
  - 良経―道家
  - 宜秋門院
  - 良尋
  - 良快
- 尊忠
- 慈円

▼恩義の深い兄兼実　延暦寺での慈円の地位確立に果たした九条兼実の役割は非常に大きい。延暦寺を出奔した慈円を説得して遁世を翻意させ、青蓮院門跡の相承や初の天台座主就任も兼実が奔走。

▼青蓮院門跡　梶井・妙法院とならぶ延暦寺の有力門跡。

▼大懺法院　一二〇五(元久二)年、三条白川の地を最勝四天王院に譲って青蓮院の洛中本坊を吉水に移建。甘露王院《かんろおういん》から大懺法院《だいせんぼういん》に改名した。一二三七(嘉禎三)年にふたたび本坊を三条白川に移建。

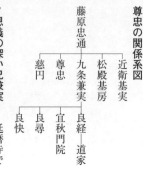

なえつづけたという。

弟子の信空が「寺院を一つも建立《こんりゅう》されていないので、入滅されたなら、どこを上人ゆかりの遺跡《ゆいせき》とすればよいでしょうか」と質問した。それに対し、法然は「一つに決めれば、私の教えが広く行き渡らない。私は生涯念仏を広めてきた。だから念仏をとなえているところがあれば、身分の上下を問わず、それが粗末な漁師小屋であっても、すべて私の遺跡と考えなさい」と答えたという。

正月二十三日、常随の弟子であった源智▲が、教えの眼目を書き残してほしいと法然に依頼した。それに応えて執筆したのが、本書冒頭で紹介した「一枚起《いちまいき》請文《しょうもん》」である。法然の教えのエッセンスがそこに示されている。

ついに正月二十五日の昼、念仏の声がやみ、眠るように息がたえた。安らかに、ほほえむようであったという。法然、八〇歳であった。その墓堂は大谷坊の東隣の地に設けられた。

法然が亡くなった同年九月、平基親《たいらのもとちか》▲が『選択本願念仏集』を開板した。法然はこれまで生前の公開を禁じていたが、一二一一(建暦元)年十一月に法然が赦免されると、弟子の間で『選択集』刊行の話がもちあがり、法然の没後にそれが

▼**知恩院**　京都市東山区林下《りんげ》町に所在。大谷坊の東隣に法然廟を造立したが、嘉禄の法難(一二二七年)で延暦寺が破却した。のちに源智が大谷に堂舎を再興。文永《ぶんえい》頃に源智門下と鎮西《ちんぜい》派が合体し、その後は鎮西派が相承した。やがて知恩院は知恩《ちおん》寺と浄土宗本寺《ほんじ》の地位を争い、一五七五(天正《てんしょう》三)年に勝訴。徳川家康《とくがわいえやす》の保護で一六〇三(慶長《けいちょう》八)年に寺域を大拡張し伽藍《がらん》を整備した。

▼**源智**　一一八三〜一二三八。百万遍《ひゃくまんべん》知恩寺の開山《かいさん》。勢観房《せいかんぼう》と号し平重盛《しげもり》の孫。法然の側近として随逐し、『選択集』や「一枚起請文」を付属された。『一期《いちご》物語』を著わして法然の思想を伝えた。

▼**平基親**　一一五一〜?。平親《ちか》範《のり》の子。出雲守《いずものかみ》・左大弁《さだいべん》をへて従《じゅ》三位《さんみ》兵部卿《ひょうぶきょう》。一二〇六(建永元)年に出家し法然に師事。著書は『官職秘抄《かんしょくひしょう》』『往生要集勘文《かんもん》』など。

実現した。平基親は学識の高い文人貴族で、法然の信徒となっていた。この『選択集』の刊行によって法然に帰依する者がふえたが、批判もいっそう激しくなった。明恵は刊行直後に『選択集』を読み、悲憤して『摧邪輪』を著わしている。さらにその後、延暦寺出身の定照《じょうしょう》▲が『弾選択《だんせんちゃく》《せんじゃく》』を著わして『選択集』を批判し、隆寛《りゅうかん》がそれに反論したが、この論争が引き金となって、嘉禄の法難が起きた。

一二二七(嘉禄三)年六月、延暦寺は改めて専修念仏の禁止を朝廷に求めるとともに、東山大谷の法然廟《びょう》を襲撃した。幸い、六波羅探題《ろくはらたんだい》の御家人(内藤盛政《もりまさ》)が止めに入ったため、墓が暴かれることはなかった。だが、危機感を覚えた門弟たちは、夜ひそかに法然の遺骸を嵯峨《さが》に移送した。さらに広隆寺《こうりゅうじ》に移し、翌年正月には洛西粟生《らくせいあお》の光明寺《こうみょうじ》▲で荼毘《だび》に付し、その後、嵐山《あらしやま》の二尊院《にそんいん》▲に遺骨を移している。この頻繁な移送は、延暦寺の襲撃をおそれる門弟たちの恐怖をありありと示している。

この嘉禄の法難は非常に深刻な弾圧であった。(1)朝廷が全国に専修念仏禁止令を改めて通達し、隆寛・幸西・空《くう》阿弥陀仏▲を遠流《おんる》に処した。(2)おもな信徒四六人を逮捕して京都から追放した、(3)鎌倉幕府も守護《しゅご》・地頭《じとう》を通じて専修念仏

▼**定照**　生没年未詳。上野国並《なみ》榎《え》(現、群馬県高崎《たかさき》市)の出身。延暦寺で竪義《りゅうぎ》を終え国に戻った。一二二五(元仁《げんにん》二)年『弾選択』を著わして法然を批判。隆寛が反論し、この論争が嘉禄の法難の発端となる。西園寺公経《さいおんじきんつね》は『弾選択』を読んで『選択集』の焚書を決定した。

▼**光明寺**　長岡京《ながおかきょう》市粟生に所在。熊谷直実《くまがいなおざね》の造立といい、法然が一時滞在した西山広谷《にしやまひろだに》の一角ともいう。嘉禄の法難の際に幸阿《こうあ》が法然の遺骸を荼毘に付して御影堂《みえいどう》を建立。幸阿のあと、証空が住し西山派の拠点となった。

▼**二尊院**　京都市右京《うきょう》区嵯峨にある寺院。釈迦・弥陀二尊を本尊とするので二尊院の名がある。法然の弟子湛空によって発展した。絹本着色《けんぽんちゃくしょく》法然上人像(足曳御影《あしひきのみえい》)や「七箇条制誡」などを所蔵。

の禁止を諸国に通達して朝廷に協力した、(4)朝廷は延暦寺による法然廟の襲撃を追認し、それを制止した御家人の処分を幕府に求めた。

さらに朝廷は、延暦寺の要請に応えて『選択本願念仏集』の発禁を決した。そして流布していたものを没収し、延暦寺大講堂の前で焼きすてさせた。一二二七年に木版印刷で刊行された『選択集』は、現在一冊も伝存していない。この時の焚書《ふんしょ》の影響であろう。

また、建永の法難では弾圧回避に奔走した延暦寺の聖覚《せいかく》▲が、今回は弾圧の先頭に立って『選択集』の焼却を朝廷に要求している。のちに親鸞は自分の弟子に、聖覚と隆寛▲の著書を読むよう勧めるが、実はこの二人は嘉禄の法難で、弾圧する側と弾圧される側のそれぞれ中心人物であった(平二〇〇一)。

中世の弾圧は大まかとはいえ、それに直面した人びとにとっては、きわめて深刻なものであった。一般信徒も、延暦寺や興福寺の襲撃・暴行と、財産没収・住宅破却・追放の恐怖にさらされている。それだけに、弾圧には不安と怯《きょう》懦《だ》と自己保身をめぐる葛藤《かっとう》が渦巻いていた。

▼**空阿弥陀仏**　一一五五〜一二二八。延暦寺を辞して法然の弟子となり、ひたすら念仏をとなえ多念義の中心となる。天王寺《てんのうじ》を拠点に活動し大衆的な人気を博したが、嘉禄の法難で薩摩《さつま》に配流された。

▼**聖覚**　一一六七〜一二三五。延暦寺の学僧。安居院《あぐい》澄憲《ちょうけん》の子。静厳《じょうごん》に師事して探題《たんだい》・証義《しょうぎ》を歴任した。弁舌に優れ後鳥羽院の側近として活躍。承久の乱後は鎌倉にも招かれ、また但馬《たじま》国司となった。法然・親鸞と交流があったが、嘉禄の法難では専修念仏の弾圧を朝廷に要求。主著は『唯信鈔《ゆいしんしょう》』。

▼**隆寛**　一一四八〜一二二七。藤原資隆《すけたか》の子。延暦寺で伯父皇円《こうえん》や範源《はんげん》に師事し慈円とも交流。東山長楽寺《ちょうらくじ》に住す。のち法然に帰依し『選択集』を付属された。定《じょう》照《しょう》に反論して『顕《けん》選択』を著わし、嘉禄の法難を招いて奥州《おうしゅう》に流罪。毛利季光《もうりすえみつ》の計らいで相模《さがみ》国飯山《いいやま》にとどまり、そこで没した。

法然思想の現代的意味

最後に、法然の思想が現代社会でどのような意義をもっているのか、考えてみよう。院政《いんせい》時代に仏教は社会に広く行き渡り、その教えは民衆の世界にまで届いた。しかし、仏教の浸透にはプラスもあればマイナスもあった。たとえば、因果応報《いんがおうほう》論を取り上げてみよう。「善行《ぜんぎょう》には必ず善《よ》い果報《かほう》があり、悪行《あくぎょう》には悪い報《むく》いがある」、この因果応報の考えは、仏教の教えの核心の一つだ。これによって人びとを道徳的に導き、悪を誡《いまし》め、善を勧めようとしたわけだ。ところが、日本中世ではこの教えが別の機能を果たした。差別や格差の正当化である。

私たちの世界には富貴な者もいれば、差別や貧困に苦しむ人たちもいる。この差別や格差の存在を因果応報論で説明した。前の世で自分がどれだけ努力したか、その努力の個人差が、この世での境遇の違いとなってあらわれると考えたのだ。そして、それを「宿業《しゅくごう》」▲と呼んだ。つまり、差別される者や貧しい人、彼らの苦しみは前世での怠慢が原因ということになる。

差別や貧困は、前世でのおのれの悪行・怠慢に由来するのだから、恨むなら自分を恨め。高貴な者や裕福な人は、前世で善行に励んだおかげで今の地位をえた。彼らをねたむのは間違っている。今の境遇を改めたければ、地道に努力して来世に希望をつなぎなさい。

差別や貧困は前世での本人の怠慢のせいにされた。究極の自己責任論だ。現代社会で流布している自己責任論は、現世での怠慢の結果と突き放すが、中世ではそれを前世での怠慢のせいにした。

日本中世は極端なまでの小さな政府▲の時代である。国家の公共的機能が崩壊し、治安維持すらままならない。そのため、人びとはむき出しの弱肉強食にさらされた。自分の身は自分で守るしかない、という自力《じりき》救済の時代だ。そのなかで因果応報論は、この世の格差が宿業の個人差、前世での努力の個人差に由来すると説いた。貧しい者はただ貧しいだけでなく、努力をおこたるなまけ者

▼宿業　現世に報いを招くもととなった前世での善悪の行為。「仏の報力も衆生の業力《ごうりき》をば、をさ(抑)へ給はぬ事也」(『沙石集《しゃせきしゅう》』一〇本―一)、「仏力法力も、前業《ぜんごう》をば、たやすく転ぜず」(『朝倉始末記《あさくらしまつき》』)とあるように、軽い宿業なら信心《しんじん》の力で変えられるが、重い宿業は神仏でも変えられない、とされた。神仏が万能でないことを強調するのが顕密《けんみつ》仏教の特徴の一つ。

▼小さな政府　一般に、政府の権限をできるだけ小さくしようとする思想や政策をいう。小さな政府を徹底した体制を夜警国家ともいうが、現実には日本の中世国家は治安維持すら満足に行えなかった。そのため、寺院も村落も武装を余儀なくされた。

と貶《おとし》められ、切りすてられた。

それに対し法然は、すべての人間が平等に愚者《ぐしゃ》であると主張した。機根《きこん》の平等、人間の平等を説いたのだ。それは言い換えれば、私たちの努力や能力の差など、たいした違いではないということだ。格差は努力や能力の問題▲ではない。差別や貧困を本人のせいにして切りすてるのではなく、彼らと共に支えあいながら生きてゆく社会を法然はめざした。

小さな政府と自己責任論は、今も昔も表裏一体だ。国家が公共的役割を放棄してゆく時に、それを正当化するため自己責任が喧伝《けんでん》される。そして日本中世は、小さな政府の極致ともいうべき時代だ。それがどれほど残酷な社会であるのかは、過去の歴史が私たちに教えている。法然は社会から切りすてられがちな人びとへの共感を頼りに、私たちのきずなを取り戻そうとした。時代の酷薄さと戦ったのだ。

法然の思想は今なお新鮮だ。今のような時代であればこそ、法然の教えや生き方から学ぶことは数多い。今、私は改めてそのように思う。

▼**能力の問題**　もちろん、私たちにある程度の能力差があるのは厳然たる事実だ。おそらく数倍程度の収入格差は、能力差で説明できるのだろうが、それ以上の格差は社会システムのゆがみに起因すると考えるべきだろう。

「七箇条制誡」を執筆する法然と弟子(『法然上人行状絵図』巻31)

法然に教えを乞う室の遊女(『法然上人行状絵図』巻34)

高砂浦《たかさごうら》で説法する法然(『法然上人行状絵図』巻34)

仏教大学法然上人研究会編『浄土宗開宗八百年記念　法然上人研究』(隆文館, 1975年)
望月信亨『略述浄土教理史』(創元社, 1944年, 1977年日本図書センター再刊)
森新之介『摂関院政期思想史研究』(思文閣出版, 2013年)
安井広度『法然門下の教学』(法藏館, 1938年, 1968年復刊)

史料

石井教道編『昭和新修法然上人全集』(平楽寺書店, 1955年)
大橋俊雄校注『選択本願念仏集』(岩波文庫, 1997年)
大橋俊雄校注『法然上人絵伝』上下(岩波文庫, 2002年)
続日本の絵巻『法然上人絵伝』上中下(中央公論社, 1990年)
『大系真宗史料　文書記録編1　親鸞と吉水教団』(法藏館, 2015年)
中井真孝校注『新訂法然上人絵伝』(仏教大学宗教文化ミュージアム, 2012年)
日本思想大系『法然・一遍』(岩波書店, 1971年)
日本思想大系『鎌倉旧仏教』(岩波書店, 1971年)
野村恒道・福田行慈編『法然教団系譜選』(青史出版, 2004年)

写真所蔵・提供者一覧(敬称略, 五十音順)

池上本門寺　p. 50左
石山寺　p. 39
大谷大学博物館　p. 57下
高山寺・京都国立博物館　p. 43
金戒光明寺・水野克比古(写真)　p. 30
西大寺・奈良国立博物館　p. 48
寿福寺　p. 73
聖衆来迎寺・滋賀県立琵琶湖文化館　p. 28左
浄土宗　p. 57上左・上右
常福寺・佛教大学宗教文化ミュージアム　カバー裏
清凉寺・京都国立博物館　p. 25
善導寺　p. 41
泉涌寺　p. 47
醍醐寺　p. 37下左
知恩院　p. 79
知恩院・京都国立博物館　カバー表, 扉, p. 11上・下, 17上右・上左・中右・下, 33左, 37上, 44, 71, 74, 75, 77下, 87上・中・下
知恩寺　p. 28右
唐招提寺・奈良国立博物館　p. 52
東大寺・奈良国立博物館　p. 33右, 70
西本願寺　p. 67
二尊院・京都国立博物館　p. 69
宝慶寺　p. 50右
鹿苑寺　p. 17中左
廬山寺・京都国立博物館　p. 37下右
個人蔵・平凡社　p. 66

参考文献

石井教道『選択集全講』(平楽寺書店, 1967年再刊)
伊藤唯真『浄土宗の成立と展開』(吉川弘文館, 1981年)
伊藤唯真「玉桂寺阿弥陀仏造像結縁交名にみる法然教団」(『伊藤唯真著作集Ⅰ』法藏館, 1995年)
伊藤唯真・玉山成元編『日本名僧論集 法然』(吉川弘文館, 1982年)
井上光貞『日本浄土教成立史の研究』(山川出版社, 1975年新訂版)
上横手雅敬「『建永の法難』について」(同編『鎌倉時代の権力と制度』思文閣出版, 2008年)
大橋俊雄『法然—その思想と行動—』(評論社, 1970年)
笠松宏至『日本中世法史論』(東京大学出版会, 1979年)
香月乗光『法然浄土教の思想と歴史』(山喜房仏書林, 1974年)
香月乗光編『浄土宗開創期の研究』(平楽寺書店, 1970年)
河田光夫「法然の善人意識から親鸞の悪人意識へ」(『河田光夫著作集3　親鸞の思想形成』明石書店, 1995年)
河田光夫「『三部経大意』引用文の研究」(『金沢文庫研究』19-1, 1973年)
菊地勇次郎『源空とその門下』(法藏館, 1985年)
黒田俊雄「中世における顕密体制の展開」(同『日本中世の国家と宗教』岩波書店, 1975年)
佐藤哲英『叡山浄土教の研究』(百華苑, 1979年)
佐藤哲英監修『良忍上人の研究』(百華苑, 1981年)
三田全信『成立史的法然上人諸伝の研究』(光念寺出版部, 1966年)
三田全信『浄土宗史の諸研究』(光念寺, 1969年)
善裕昭「中世山門史料と善導」(伊藤唯真編『日本仏教の形成と展開』法藏館, 2002年)
平雅行『日本中世の社会と仏教』(塙書房, 1992年)
平雅行「越前・若狭の専修念仏」(『福井県史　通史編二』福井県, 1994年)
平雅行『親鸞とその時代』(法藏館, 2001年)
平雅行『歴史のなかに見る親鸞』(法藏館, 2011年)
平雅行「出家入道と中世社会」(『大阪大学大学院文学研究科紀要』53, 2013年)
平雅行『鎌倉仏教と専修念仏』(法藏館, 2017年)
田村圓澄『法然上人伝の研究』(法藏館, 1956年, 新訂版は1972年)
田村圓澄『人物叢書　法然』(吉川弘文館, 1959年)
田村圓澄『日本仏教思想史研究　浄土教篇』(平楽寺書店, 1959年)
坪井剛「『建永の法難』事件再考」(『古代文化』66-1, 2014年)
中井真孝「勅修御伝所収の太政官符について」(宇高良哲先生古稀記念論文集刊行会編『歴史と仏教』文化書院, 2012年)
中井真孝編『念仏の聖者　法然』(吉川弘文館, 2004年)
中西随功『證空浄土教の研究』(法藏館, 2009年)
名畑崇「念仏禁止の背景」(千葉乗隆博士還暦記念会編『日本の社会と宗教』同朋舎, 1981年)
廣川堯敏「醍醐本『法然上人伝記』「三心料簡事」の撰者問題」(藤堂恭俊博士古稀記念会編『浄土宗典籍研究』同朋舎出版, 1988年)

法然とその時代

西暦	年号	齢	おもな事項
1133	長承2	1	法然が美作国稲岡庄で誕生，父は漆間時国
1141	永治元	9	父が明石定明の夜襲で没。菩提寺観覚の弟子となる
1145	久安元	13	比叡山西塔北谷の源光の弟子となる
1147	3	15	延暦寺で出家・受戒し顕密僧となる
1150	6	18	遁世し黒谷別所の叡空に師事。法然房源空と名乗る
1154	仁平4	22	叡空が右大臣久我雅定の出家戒師となる
1156	保元元	24	法然が南都に遊学。保元の乱が起こる
1169	嘉応元	37	このころ後白河上皇が『梁塵秘抄』を編纂
1175	承安5	43	浄土教に回心し善導の本願念仏説に確信をもつ
1179	治承3	47	*2-* 師の叡空が死没。その坊舎・聖教を相続
1180	4	48	*5-* 以仁王が挙兵。*8-* 源頼朝が挙兵。*12-* 南都焼打ち
1181	5	49	閏*2-* 法然が藤原邦綱の出家戒師と臨終の善知識
1185	文治元	53	*3-* 平氏が壇ノ浦で滅ぶ
1186	2	54	顕真に招かれ大原問答
1189	5	57	*8-1* 九条兼実と法門談義。*8-8* 兼実に授戒
1190	建久元	58	*2-* 東大寺講説。この年，証空が弟子入り
1191	2	59	*9-29* 中宮任子が病悩により法然から受戒
1194	5	62	*7-5* 大日能忍・栄西の禅宗が禁じられる
1195	6	63	*7-13* 中宮任子の御産のため結番して授戒
1197	8	65	弁長が弟子入り
1198	9	66	*1-* 三昧発得。*4-8*「没後遺誡」を定める。*5-* 夢で善導と対面。この年，『選択本願念仏集』を撰述
1200	正治2	68	病悩の九条兼実の北政所に授戒
1201	建仁元	69	親鸞が弟子入り。*10-17* 宜秋門院の出家戒師
1202	2	70	*1-27* 九条兼実の出家戒師
1204	元久元	72	延暦寺衆徒が座主真性に専修念仏の禁止を訴える。*11-* 法然が「七箇条制誡」を定め190人の弟子が署名
1205	2	73	*10-*『興福寺奏状』。*12-29* 専修念仏の偏執を誡める宣旨
1206	建永元	74	*2-* 興福寺が宣旨の改訂を要求。*6-19* 後鳥羽院が専修念仏について諸卿に在宅諮問。*8-5* 興福寺が専修念仏弾圧の早期決着を要請。*11-27* 大宮実宗の出家戒師。*12-* 後鳥羽院の熊野詣の留守中に「密通事件」
1207	2	75	*1-24* 専修念仏禁止令の発布へ。*2-* 興福寺が専修念仏の弾圧を奏達，安楽ら4人の処刑。*2-10* 九条兼実が宥免を要請。*2-28* 五カ条の太政官符，法然ら6人が流罪，2人が身柄預かり。*4-5* 九条兼実が死没。*12-8* 最勝四天王院創建の恩赦で流罪赦免，帰洛は不可。勝尾寺に逗留
1211	建暦元	79	*11-17* 法然・親鸞ら8人の赦免。*11-20* 法然が帰洛
1212	2	80	*1-25* 法然が死没。*9-*『選択集』開板。*11-23* 明恵が『摧邪輪』を著わす。*12-24* 法然報謝の阿弥陀像を造立

平 雅行(たいら まさゆき)
1951年生まれ
京都大学大学院文学研究科博士後期課程研究指導認定退学
大阪大学博士(文学)
専攻，日本中世史・古代中世仏教史
現在，大阪大学名誉教授・京都先端科学大学人文学部特任教授
主要著書・論文
『日本中世の社会と仏教』(塙書房1992)
『親鸞とその時代』(法藏館2001)
『歴史のなかに見る親鸞』(法藏館2011)
『鎌倉仏教と専修念仏』(法藏館2017)
「中世仏教における呪術性と合理性」(『国立歴史民俗博物館研究報告』157集2010)

日本史リブレット人 028
法然《ほうねん》
貧しく劣った人びとと共に生きた僧
2018年6月25日　1版1刷　発行
2021年9月5日　1版2刷　発行
著者：平《たいら》 雅行《まさゆき》
発行者：野澤武史
発行所：株式会社 山川出版社
〒101－0047　東京都千代田区内神田1－13－13
電話 03(3293)8131(営業)
03(3293)8135(編集)
https://www.yamakawa.co.jp/
振替 00120-9-43993
印刷所：明和印刷株式会社
製本所：株式会社 ブロケード
装幀：菊地信義

Printed in Japan ISBN 978-4-634-54828-2

日本史リブレット 人

1 卑弥呼と台与 —— 仁藤敦史
2 倭の五王 —— 森　公章
3 蘇我大臣家 —— 佐藤長門
4 聖徳太子 —— 大平　聡
5 天智天皇 —— 須原祥二
6 天武天皇と持統天皇 —— 義江明子
7 聖武天皇 —— 寺崎保広
8 行基 —— 鈴木景二
9 藤原不比等 —— 坂上康俊
10 大伴家持 —— 鐘江宏之
11 桓武天皇 —— 西本昌弘
12 空海 —— 曾根正人
13 円仁と円珍 —— 平野卓治
14 菅原道真 —— 大隅清陽
15 藤原良房 —— 今　正秀
16 宇多天皇と醍醐天皇 —— 川尻秋生
17 平将門と藤原純友 —— 下向井龍彦
18 源信と空也 —— 新川登亀男
19 藤原道長 —— 大津　透
20 清少納言と紫式部 —— 丸山裕美子
21 後三条天皇 —— 美川　圭
22 源義家 —— 野口　実
23 奥州藤原三代 —— 斉藤利男
24 後白河上皇 —— 遠藤基郎
25 平清盛 —— 上杉和彦
26 源頼朝 —— 高橋典幸
27 重源と栄西 —— 久野修義
28 法然 —— 平　雅行
29 北条時政と北条政子 —— 関　幸彦
30 藤原定家 —— 五味文彦
31 後鳥羽上皇 —— 杉橋隆夫
32 北条泰時 —— 三田武繁
33 日蓮と一遍 —— 佐々木馨
34 北条時宗と安達泰盛 —— 福島金治
35 北条高時と金沢貞顕 —— 永井　晋
36 足利尊氏と足利直義 —— 山家浩樹
37 後醍醐天皇 —— 本郷和人
38 北畠親房と今川了俊 —— 近藤成一
39 足利義満 —— 伊藤喜良
40 足利義政と日野富子 —— 田端泰子
41 蓮如 —— 神田千里
42 北条早雲 —— 池上裕子
43 武田信玄と毛利元就 —— 鴨川達夫
44 フランシスコ＝ザビエル —— 浅見雅一
45 織田信長 —— 藤田達生
46 徳川家康 —— 藤井讓治
47 後水尾院と東福門院 —— 山口和夫
48 徳川光圀 —— 鈴木暎一
49 徳川綱吉 —— 福田千鶴
50 渋川春海 —— 林　淳
51 徳川吉宗 —— 大石　学
52 田沼意次 —— 深谷克己
53 遠山景元 —— 藤田　覚
54 酒井抱一 —— 玉蟲敏子
55 葛飾北斎 —— 大久保純一
56 塙保己一 —— 高埜利彦
57 伊能忠敬 —— 星埜由尚
58 近藤重蔵と近藤富蔵 —— 谷本晃久
59 二宮尊徳 —— 舟橋明宏
60 平田篤胤と佐藤信淵 —— 小野　将
61 大原幽学と飯岡助五郎 —— 高橋　敏
62 ケンペルとシーボルト —— 松井洋子
63 小林一茶 —— 青木美智男
64 鶴屋南北 —— 諏訪春雄
65 中山みき —— 小澤　浩
66 勝小吉と勝海舟 —— 大口勇次郎
67 坂本龍馬 —— 井上　勲
68 土方歳三と榎本武揚 —— 宮地正人
69 徳川慶喜 —— 松尾正人
70 木戸孝允 —— 一坂太郎
71 西郷隆盛 —— 德永和喜
72 大久保利通 —— 佐々木克
73 明治天皇と昭憲皇太后 —— 佐々木隆
74 岩倉具視 —— 坂本一登
75 後藤象二郎 —— 村瀬信一
76 福澤諭吉と大隈重信 —— 池田勇太
77 伊藤博文と山県有朋 —— 西川　誠
78 井上馨 —— 神山恒雄
79 河野広中と田中正造 —— 田崎公司
80 尚泰 —— 川畑　恵
81 森有礼と内村鑑三 —— 狐塚裕子
82 重野安繹と久米邦武 —— 松沢裕作
83 徳富蘇峰 —— 中野目徹
84 岡倉天心と大川周明 —— 塩出浩之
85 渋沢栄一 —— 井上　潤
86 三野村利左衛門と益田孝 —— 森田貴子
87 ボアソナード —— 池田眞朗
88 島地黙雷 —— 山口輝臣
89 児玉源太郎 —— 大澤博明
90 西園寺公望 —— 永井　和
91 桂太郎と森鷗外 —— 荒木康彦
92 高峰譲吉と豊田佐吉 —— 鈴木　淳
93 平塚らいてう —— 差波亜紀子
94 原敬 —— 季武嘉也
95 美濃部達吉と吉野作造 —— 古川江里子
96 斎藤実 —— 小林和幸
97 田中義一 —— 加藤陽子
98 松岡洋右 —— 田浦雅徳
99 溥儀 —— 塚瀬　進
100 東条英機 —— 古川隆久

〈白ヌキ数字は既刊〉